Alexander Tille

German Songs of Today

Alexander Tille

German Songs of Today

ISBN/EAN: 9783744621083

Hergestellt in Europa, USA, Kanada, Australien, Japan

Cover: Foto ©Thomas Meinert / pixelio.de

Weitere Bücher finden Sie auf **www.hansebooks.com**

German Songs of To-day

GERMAN SONGS OF TO-DAY

EDITED

WITH AN INTRODUCTION AND LITERARY NOTES

BY

ALEXANDER TILLE, Ph.D.

Lecturer on the German Language and Literature in the
University of Glasgow

New York

MACMILLAN AND CO.

AND LONDON

1896

Norwood Press
J. S. Cushing & Co. — Berwick & Smith
Norwood Mass. U.S.A.

Preface

THE present volume is intended to provide American students of German literature with a representative selection from the lyrics of the New Empire. In preparing it an effort has been made to bring together characteristic illustrations of the various intellectual movements that have made themselves felt in German lyric poetry during the last twenty-five years. It will be found that specimens of all the more important schools have been included, and that as a consequence there is considerable variety of tendency and of style among the pieces here presented. It is hoped that in this way the volume may give a picture in miniature of the intellectual life of modern Germany, and of the kind of influence exerted by such leading spirits as Jordan and Nietzsche. A few bibliographical and biographical facts have been put together in the Notes.

ALEXANDER TILLE.

Contents

Introduction

GERMAN Songs of To-day — it is a vast field, even if "To-day" be limited to the past five-and-twenty years and the "German Songs" to the lyrical aspirations of the New German Empire. What are the songs of a Time? Those that are sung most and enjoyed most, or those which happen to be produced during a time? In the first the feelings and aspirations of the large masses are shown, and he who tries to study by what tendencies a nation was moved in a particular period will be wise not to ignore the songs it had at heart. In the second are expressed the views and feelings of a few lonely individuals who have the power of uttering in poetry what lives in their minds. If it be true that for the masses a song is born no earlier than when it gets popular, and that thus Schneckenburger's *Wacht am Rhein* may be said to be a product of the Franco-German war of 1870, it is no less true that songs originate when an individual mind creates them, and that thus the *Wacht am Rhein* originated in 1840 from certain feelings and opinions which then prevailed among certain classes of the German nation. From the former point of view we should undoubtedly have to call a certain unknown portion of the lyrics which have been produced within the past twenty-five years, German Songs of To-morrow. Is it really a pity that we do not know which, and that, in this respect, we can do no more than enjoy what pleases us best

xi

among the lyrical productions of our own age and leave
the rest to posterity, just as Merryman does in the Pre-
lude to Goethe's Faust? On the other hand, may that
ignorance not make our enjoyment the deeper? Certainly
it is a pity that this point of view should be so largely
neglected by literary history. Thorough statistics about
the songs which appear on prospectuses and are sung in
concerts as well as in afternoon and evening society,
which appear in cheap song books and are shouted
through the streets by marching regiments, which are
repeated a hundred times in the nursery and accompany
the working man to his labour, and whose melodies are
played by wandering bands and whistled by message boys,
would give us surprising information about the lyrical
taste of our time and show what is the lyrical food of
the various classes of our contemporaries. Since every
success of a new original work, new songs included, is
largely dependent upon the prevalent tendencies and
preferences or upon the receptive milieu, such a knowledge would by no means lack practical import. And
probably it is neglected merely because everybody be-
lieves himself to be fully possessed of it.

It would neither be impossible nor difficult to collect
in a small volume all the German songs enjoying the
highest popularity among the present generation in Germany; and in such a collection Goethe's finest songs
would stand close to the *couplets* of the last *operette* or
rather the *operettes* of the last quarter of a century.
Fischerin, du Kleine would find a place beside *Über allen
Gipfeln ist Ruh,* and *Ach, ich hab sie ja nur auf die
Schulter geküsst* beside Mignon's song of Italy's eternal

beauty. Goethe, Schiller, Wilhelm Müller, Lenau, Heine, Uhland, Geibel, Scheffel, they all would be represented and with more than one song each, but so would Strauss, Offenbach, Millöcker and Nessler. And their productions would be joined by the relics of the older *Volkslied* and curious historical reminiscences of the type of *Prinz Eugenius, der edle Ritter*, and *Kaiser Wilhelm sass ganz heiter*. Such a collection would be both interesting and valuable as a stepping stone towards a knowledge of the tendencies of our time, and it is rather to be regretted that we do not possess anything of the kind. On the other hand, the general results of such a collection could easily be given in a single essay which would convey almost as much information as the whole collection. Besides, the collection would contain numerous poems already well known both at home and abroad. Those not so known would be without special artistic merit and would scarcely serve to cultivate literary taste. Neither would they be of much impressiveness unless their melodies were added — which would be rather an intrusion upon an altogether different field of art. But above all, the picture such a collection could give of contemporary taste would not be complete. It is true it would show the frame of mind of the average German, but it would have to ignore utterly the ideas, feelings, and strivings of the greater individuals who are the intellectual and artistic leaders of their age and whose minds, in many respects, represent a state of opinion which the masses will, with due limitations, reach a generation or half a century later. There would be no space in it for the most ingenious lyrical productions of the strongest individualities and the most advanced minds among those contemporary poets, who, in a personal and characteristic form, give poetical expression to those thoughts, feelings and aspirations which are peculiar to their own age and distinguish it from all others. And it is just these things that touch us deepest, make us feel the beating of the heart of our own time and show us its very lifeblood. And it is just the beautiful and strong individuality which gives life and colour and warmth to poetical creations and makes them powerful and at the same time tender. There was a time when, among human beings, the herd was almost everything and the individual almost nothing; but that time is past; in spite of all democracy and " natural equality of men " the power and influence of individuals are rapidly increasing instead of being on the decline. And the more we approach modern times the greater mistake is it historically, to neglect that personal element and look at the masses only instead of the productive geniuses.

But that personal element is far from all-powerful. On the contrary, it is very closely limited by the institutions, customs, views, and ideals of the time, and in the same way as, from the occurrence of a word like railway, electric engine, doctrine of evolution, social democracy, life assurance, we should at once conclude that the literary work that contains it must have been written in the nineteenth century, and as, in many cases, we could define the time of its origin much more exactly, it is possible to date the growth of thoughts, feelings and strivings, and of intellectual interests, mental movements and changes of taste and to ascribe, by the aid of such arguments, a

certain song to a certain period of literature and bring its
limits of date of origin within extremely narrow compass.
If what is now called *Weltanschauungsgeschichte* in Germany were somewhat further advanced this would be
possible in a still higher degree. Our age, as much as
any other, has its specific characteristics, and those poetical productions which show them and are not artificial
compounds made up of strange elements from various
periods of time, are the true poetry of the age.

It is a well known fact that translations of fiction from
a foreign language rarely or never attain a popularity like
that of works originally written in the language of a country. The absence of an original style may partly account
for that, but the larger cause is certainly the fact that the
Gesammtbewusstsein of one nation differs from that of
another, and that thus, as it were, the lute strings which
the single strokes are intended to strike, are either not
struck at all or have a different sound; that a hundred
things, words, conceptions, sets of ideas, ideals, feelings,
are high aesthetic values in one country and altogether
neutral or even low aesthetic values in another. People
differ much less in those points which they discuss than
in those which they never think of mentioning. Those
never pronounced, silently made assumptions or presup-
positions the assailing of which is perhaps never thought
of in a lifetime, may nevertheless be those most open to
assault. Such presumptions are frequently regarded as
self-evident in one country while no foreigner would let
them pass without challenging their validity. Every work
of literature has to make use of them and unconsciously
uses the views of its own time, though it be a novel about

some old Assyrian princess or a drama from medieval ecclesiastical history. What is true of different countries in one and the same time is still more true of different times within one and the same nation. If by magic we could transfer ourselves into the times of the German War of Liberation we would, in spite of a great sympathy with the people who fought it, feel very strange among them, in view of their conceptions of liberty, dignity, love and wisdom; and if Theodor Körner or De La Motte Fouqué could spend a fortnight in modern Berlin, they probably would not like the modern Fatherland overmuch. A large amount of these unconscious presumptions, as regards lyrics, is bound up with what a nation is in the habit of using as lyrical food, or with lyrical tradition.

Literary tradition is so strong because every writer has to use in the language the same material of words as his predecessors, whilst in other arts tradition consists only in the methods of dealing with given materials which are devoid of prejudicial bias. Tradition is perhaps in no field of literature stronger than in lyrics. There are traditional metres and traditional rhymes; there is a traditional rhythm; and there are traditional phrases and larger groups of words; there is a traditional technique of style; there are traditional subjects, traditional feelings or frames of mind, traditional views, and even traditional verses, for there are verses which occur three, four and five times in German lyric poetry. Love and nature are said to be the eternal lyric subjects, and that is the reason why lyrics are frequently looked upon suspiciously by serious people. The influence of lyrical tradition must

be especially strong in a country which has, in the course
of the last century, manifested so powerful a lyrical talent
as Germany. Goethe and Heine have, undoubtedly, had
the deepest influence on the beginning of a modern lyrical
tradition, but Wilhelm Müller, Lenau, Uhland, Geibel,
Scheffel have also contributed their parts to it, and it is
only natural that the huge mass of the lyrical production
in the Germany of to-day still follows the paths they trod.
But tradition is not omnipotent either, and the stronger
the individuality of the poet the less is its power. Herwegh said :

> Die Zeit ist die Madonna der Poeten,
> Die *Mater dolorosa*, die gebären
> Den Heiland soll ; drum halt die Zeit in Ehren,
> Du kannst nichts Höheres als sie vertreten.

But wise sayings of poets are not always obeyed by
their fellow-bards, and yet when individual tunes are no
more heard in lyrics, modern life is no more reflected in
them, lyrical evolution is temporarily at a standstill. The
last quarter of a century has, in Germany, in more than
one respect, brought to the front quite a new lyric, which,
although continuing the lyrical tradition of the past, has
added to it a considerable number of new features and
appears to bring up a new classic age of the German
song.

It is in that sense that the title of this little book should
be understood. " German Songs of To-day," as its heading, means that it includes only specimens of modern German Songs, which are in some way characteristic of our
age. It is solely from this point of view that the selection

has been made. It is but natural under these circumstances that the tendencies of numerous songs should be mutually contradictory; for unless that allowance be made, no adequate image can be given of the various aspirations of the age. It is, further, but natural that numerous songs should at first sight appear rather strange to American taste. But that would prove merely that, as was to be expected, German taste and American taste are at present, as they always have been, to a certain extent at variance. He who loves German literature will not be deterred by that circumstance, and he who ascribes weight to German intellectual movements and is of opinion that they influence the history of mankind, will rather find in it a stimulus to further study.

Modernism in lyrics may, according to the various aspects of tradition, be of very different kinds. But three principal stages of evolution may be discerned: the subjects may be modern, they may be treated from a modern point of view by means of old symbols and phrases, and the contents may be expressed in modern symbols and phraseology. Among these three stages all kinds of different combinations are possible. The modern labour movement, which is certainly a modern subject, may be treated from the standpoint of the slaveholder and be brought to expression in a sapphic ode and the phraseology of the Oedipus Coloneus; it may be sung in hexameters and with the symbols of the Iliad, it may be handled in doggerel and in the language in which two message boys quarrel and from the same standpoint. It may also be dealt with in the phraseology and from the standpoint of the labour-agitator and in the tune of Schil-

ler's *Wohlauf, Kameraden, aufs Pferd, aufs Pferd*; it may
be spread over by a certain melancholy resignation or
with woeful despair, with social pessimism or social optimism, with the spirit of the conquering or with the spirit of
the conquered. Although all these combinations would
seem to be equally possible, yet in reality they will appear in
a very fixed succession of time, or in other words the subject
will, in a fixed order, go through the different stages of
literary treatment and give in the long run a very clear
expression to the evolution of the whole movement. The
song with a purpose always stands first in time. It is
poetry only for those whose class hatred and higher aspirations it expresses. For different classes of people and
different decades different stages will represent " the beautiful," will be " true poetry."

The evolution of modern German lyric poetry, and more
especially the distinction between it and the so-called
romantic lyric which, in time, immediately preceded it,
cannot be understood but by means of a knowledge of the
intellectual condition of modern Germany which, to a certain extent, is the same as that of modern Europe. Generally, it is determined by two new mental factors, of
which the last century knew very little, viz. by the rapid
evolution of natural science and by the entering of social
problems into the centre of general interest. By these
elements a rapid change in the *allgemeine Weltanschauung* of the more gifted part of the nation took place,
a change frequently underrated. It is true it was slowly
being prepared for, any time since the sixteenth century,
but it is only in our age that questions like these —
whether earth is the favourite star and man the favourite

child of a divine being, or whether earth is a rather unimportant planet among others and man one mammal among numerous others, — have been finally settled. And such changes cannot possibly remain long without effect on the aesthetic values of a time and must lead to a quick depreciation of all those intellectual values which were based on the geocentric and anthropocentric conceptions. And the same is true of the part that 'once was played by speculative philosophy, of the changed social position of women, of the methods of modern production and distribution, of modern commerce and modern education.

Pessimism enters the literatures of Western Europe towards the end of the eighteenth century. It then spreads rapidly and soon reaches some culminating point in romantic poetry, but it remains also after that time the leading motive in lyrics while the novel turns to modern subjects and the drama goes on treating the ethical problems of the eighteenth century. The superficial psychology of modern France is of opinion that all the civilised nations of Europe have entered a period of *décadence* and likes to speak of *fin-de-siècle* as of the beginning of the end. It cannot be denied that a kind of *décadence* is observable within the French nation, that is scarcely able to make up for its death-rate by new births. But a phrase like *décadence* or *dégéneration* not only explains nothing, it is, besides, very apt to lead to mistaken historical conclusions regarding our age generally.

The question whether optimism or pessimism is "true" is not a question of philosophical conviction based on argument, but a question of physiological organisation. A person within whom the process of life goes on with easiness and speed will, other things being equal, have a "light soul," will be an optimist, and the bilious man with constant disturbances in his constitution a pessimist, no philosophy in the world being able to change his turn of mind. If invalids, consumptive persons for example, are frequently in good spirits, it is no objection to that theory, but merely a proof that although their constitution tends towards dissolution, the process of life is going on without hindrances and pains and frequently with more than usual speed. But in the case of Arthur Schopenhauer, the deformed, ugly man with the weak body and the immense head, the ruined digestion and constant bilious attacks, pessimism is the inevitable result of the slowness and stagnation of the vital process. He is the typical man with a "heavy soul." So far we may follow the physiological explanation of pessimism and may call that doctrine a token of bodily decadence or degeneration. But does the explanation which holds good for exceptionally pessimistic individuals also meet the case of whole ages with a more or less pronounced tendency to a predominance of melancholy motives in literature ? History shows that such tendencies may arise very quickly. The literature of the seventeenth century, nay of the first half of the eighteenth century in Germany knows nothing, I might say, of even pessimistic elements. The strong, self-asserting, healthy life with an exuberant wealth of strength and joy and good feeling is its dominant note, and it is only towards the end of the eighteenth century that the pessimistic element comes in. Now, did the constitutions of the German and English nations in that time really decline with such rapidity, and what were the causes of that effect ? How did the constitution of the German nation so rapidly improve after the middle of the seventies of the current century ? In the case of the France of to-day, in which the source of population has ceased to flow, there may be a little truth in such a statement, but even there one should be very careful not to overrate it. It is true there seem to be things which point in that direction. The strong godlike figure of Goethe shows pessimism to a far smaller extent than Schiller, whose health was very delicate and who was possessed of a natural inclination for brooding. But if we did not know how he came by his elegiac feeling, we might learn it from his own songs. It is not by chance that he, with his whole heart, embraces Platonism, which had been revived in German society from about 1700 when the contrast between God and the devil was, in the minds of the educated classes, replaced by the contrast between God and the world, between spirit and matter. The poet who sang :

So willst du treulos von mir scheiden . . . . . .

and :

Da ihr noch die schöne Welt regiertet . . . . . .

he who could utter the paradox :

Was unsterblich im Gesang soll leben,
Muss im Leben untergehn, —

he was conscious that, in his age, something was fading away, among the educated classes at least, something with which true poetry seemed to him to be bound up indisso-

lubly ; that certain intellectual values though still guarded
by the feelings of large circles of the people were depreciated by the progress of thought or, at any rate, had lost
their former dominance. A modern Danish thinker[1] has
pointed out that opinion evolves a good deal quicker than
feeling, but that, notwithstanding, in ethical matters at
least, new views do not influence human action until they
get into relation with human feelings. Until then they
are merely results of reflections, are based on argument,
but have not yet become part and parcel of that world of
views on the universe and man and life, which is called in
German a man's *Weltanschauung*. What is true of ethical opinions, is also true of theoretical views or those
beliefs of ours which answer the questions — what is the
world like ? what is man's position in it ? what are his
natural aspirations and strivings ? It is not by chance
that the so-called romantic lyric which has prevailed in
Europe from about 1770 to almost the present day is pre-
dominated by a melancholy and sorrowful note and tries
to express feelings associated with sadness and disillu-
sionment. It is thus mainly a pessimistic lyric; but
pessimism in poetry is a phenomenon inevitably accom-
panying the dissolution of a *Weltanschauung*; it prevailed when Stoicism and Neoplatonism succumbed to the
attacks of Christian beliefs to which both had contributed,
and it necessarily prevails at a time when the grand sys-
tem of medieval thought is breaking down under the
attacks of natural science and the requirements of an
accelerated social life. A mental struggle of almost four

---

[1] Harald Höffding in his Ethik, 1887.

centuries had brought about a sort of reconciliation between medieval Christianity and the world of southern
European antiquity, and, especially in the field of ethical
ideals, the former had been transformed to a large extent
by the latter, but at last that compromise, in which Les-
sing and Schiller indulged and which Goethe never got
beyond — hard as he tried to do so — served only to
shake that gigantic monument which had been built up
by medieval clericalism ; and thus it facilitated the per-
formance of the task which rationalism had set for itself.

Goethe lived long enough to see enter into life two
forces, natural science and the modern social movement,
the latter of which was the immediate product of the
acceleration of the process of social life, brought about by
the application on a large scale of manufacturing, by the
acceleration of the circulation of the means of existence
and by the acceleration of social selection and elimination
immediately resulting from it. His genius tried to master
both subjects poetically. But he failed, and it is not too
much to say that his creative power broke down in the
attempt to treat poetically the new world opened up by
modern scientific investigation and to master artistically
the new social problems, which the evolution of industry
and exchange had brought to the front. He tried, and
that more than once. But the *Metamorphose der Pflan-
zen* and the *Metamorphose der Tiere* remained two didac-
tic essays which the lady to whom they were dedicated
could scarcely have understood. And one need only
compare Goethe's letter to Schiller of August 29, 1795,
in which he not only clearly observes the transition from
handicraft to manufacturing in Ilmenau, but sees its over-

whelming importance, with the impotent attempt to draw a picture of the life of the Swiss weaving and spinning population in Leonardo's Diary in *Wilhelm Meisters Wanderjahre*, in order to understand that it was beyond the faculties of his time to accomplish that task. It is not the impotency of old age which hinders Goethe's doing justice to these problems — for in 1797 one can scarcely call him an old man, and in other fields he possessed for a good while after he had written the story of the nut-brown girl, the faculty of expressing clearly and beautifully what he had perceived and what he embraced with his feeling. It is here that the difference lies. He saw both the *naturwissenschaftliche Weltanschauung* and the modern social life, but their distinct items had not become firm aesthetic values for his consciousness, they did not awaken in him that storm of excitement and eloquent enthusiasm with which the contrast between our instincts and our moral conviction in Faust or the humane ideals of Iphigenia are able to inspire him. In consequence he is lacking in a sense for what is exactly characteristic and what is irrelevant, nor does he feel what is beautiful and what is ugly and unconsciously describe it as such, but he adds to his colourless story critical remarks on his subject.

The same social process which changed the relations between the ruling and the ruled so fundamentally and which led to the establishment of the claims for equal rights on the side of the lower classes brought to the front the wage-earning woman of whom the early part of the eighteenth century had known very little. The ever increasing individualism which, at the time of the Reformation, had failed to touch the inferior position of women

created through the influence of the medieval doctrine
that woman was the origin of all evils for man and a
cloaca diabolorum, at last extended to women also, who
in the higher circles of society had already for a century
played an important part. The opportunity of a better
education did more, although Greek antiquity was decidedly against a social equality of both sexes. About
the middle of the eighteenth century morality, as regards
the relations of the sexes, underwent a rapid change in
German poetry, and chiefly in the novel. The German
drama of the latter half of the seventeenth century had
been very liberal as to the relations of the sexes within
and without matrimony, but now a strange external or
superficial formalism as to matrimonial morality began to
prevail. Gellert's novel *Leben der Schwedischen Gräfin
von G*** is the best sample of it, and it is a further proof
of the rapidity of the evolution of ethical problems in the
time following, that only two generations passed between
that novel (1747) and Goethe's *Wahlverwandtschaften*
(1809), which, for the first time, proclaimed the opinion
that only that matrimony is moral which is based on
mutual personal love, and that it becomes immoral as
soon as that presumption is lost on either side. It is
only too natural that such a change in the ethical
ideals of a time must affect lyrics the eternal subject
of which has been said to be love. It must raise the
position of the loved one, proclaim a new ideal of female
beauty and amiability and tend to a rehabilitation of the
moral purity of sound love of the sexes which by medieval ethical theories had been shaken, nay, almost destroyed. It must first justify the intimate relations of

love before the moral tribunal and, as soon as that justification has taken place in a larger number of minds, it must lead to the result that the old way of condemning these most natural and beautiful feelings and longings as immoral, is itself immoral. In the long journey of evolution, of course, all sorts of exaggerations and misconceptions like "free love" or general promiscuity appear, and in particular the modern novel with its strong tendency to the experimental leads to distortions like Gutzkow's *Wally, die Zweiflerin* (1835). "Emancipation of the flesh" is the name given to that school of thought by the reaction from the medieval point of view. As far as the thing can be expressed in medieval phraseology this designation is not a bad one. But in the forum of modern scientific knowledge that name does not hold good. For we no longer think it right to divide the thinking power of our brain from its feeling or loving power and call the one spirit and the other flesh. Either both are spirit or both are flesh, and modern scientific monism — for which soul is identical with the vital process and is a movement consequently and no longer a matter — knows only of living matter and no longer of an aggregate of dead matter and "spirit." The ever increasing number of women who by means of their own work or inherited wealth were socially independent, worked in the same direction and tended to replace the ideal of the girl obedient, weak and humble to her master by the new ideal of the girl strong, alert and faithful to her male comrade in life. Fidelity, which before had been a female virtue only enforced by socially stronger men, evolved into a mutual fidelity which bound man as well as woman.

Goethe's love poetry denotes a remarkable stage in that course of evolution. It shows the freedom from the old ecclesiastical fetters even to a larger extent than his life did, but it has not yet found the new stability which is based on man's feeling of personal love. And his female ideal is still strongly under the influence of that *Weltan-schauung*, of which he has freed himself in other respects. Neither has Heine got beyond that ideal and the circle of feelings bound up with it. His feelings were still completely under the power of the old conceptions, although his criticism had led his opinions a little further. Thus he was at once able to express the old subjects in the most beautiful form and to mock at them. But he was impotent to build up a new poetry out of new high aesthetic values which were preparing in his age; and there he stands at the threshold of two ages, not a pioneer like Goethe and yet with a command of all the technical means of the lyric of the age that is drawing near its end, and consequently with a power of expression without its like in his lifetime.

The old world of medieval conceptions was past, the *Anschauungswelt* of the Greco-Roman antiquity no longer held good in view of the infinitely more complicated conditions of modern social life, the position of woman in the consciousness of the time and the scientific discoveries of the import of the conservation of energy, the doctrine of evolution and of the revival of theories like atomism and heredity. The old high aesthetic values were depreciated, new ones had not yet been formed, what was more natural than that the lyrics of the time should turn to the lamentation that much had been lost and that the present was void of anything high and great? Lost ideals, lost love, lost fame of the Fatherland, lost belief, lost hope, lost happiness, lost joy of life, lost prospects for a life in another world — these are the themes of romantic lyric. It is a lyric of resignation and partly of self-sacrifice. It is true it seems to us still to be bound up with what is the most beautiful and sublime for our mind, but is nevertheless a lyric devoted to what is past and will scarcely inspire anybody to great deeds.

The first step of lyrics beyond the domain of resignation and grief over what is irrevocably lost in a social respect is taken in the political songs of so called Young Germany which centre in the poetry of 1848. In the songs of Gottschall,[1] Scherr[2] and Jordan,[3] which are almost contemporary with the songs of Heine, Herwegh, Dingelstedt, Freiligrath, political liberalism or radicalism appears in a close connection with a longing for a freer life of love and a throwing off of all beliefs in a supernatural world, or with religious radicalism, although all three find expression in a merely negative or critical way. Exhortations to give up political slavery, love prejudices and religious superstition still occupy the largest space.

> Wirf Götter und Götzen über Bord,
> Dann frisch ans Steuer getreten ;
> *Errungen* nur wird der Freiheitsport,
> Nicht erbetet und nicht erbeten!

---

[1] Lieder der Gegenwart, and Zensurflüchtlinge. Königsberg, and Zürich 1842.

[2] Laute und leise Lieder. Schaffhausen 1842.

[3] Schaum. Leipzig 1846.

That is a typical utterance and it is very significant that Wilhelm Jordan was punished with a six weeks' imprisonment for reciting that song.[1] From the same volume a few lines in favour of a new love-morality may be quoted:[2]

> Lässt sich die böse Staarhaut nimmer stechen,
> Die alte Blindheit, welche sittlich nennt,
> Was an der Zukunft ist ein schwer Verbrechen,
> Die weiss den Mord zu einer Tugend brennt?
> Die Liebe frei, frei wie das Licht der Sonnen,
> Draus jede Scholle einen Keim empfängt . . . .

Other cases show no less clearly the progress of thought in the first half of the nineteenth century. The second classical period of German literature had found its inspiration in that well known blending of the ideals of medieval Christianity and Greek antiquity by which the latter half of the eighteenth century was characterised. Its conceptions of guilt, expiation, renunciation, honour, monarchism, murder and war and many other thoughts of that stage of mental development found beautiful classical expression in the masterpieces of that period. Schiller wrote, in strict accordance with the views of his age, in his *Braut von Messina* the often quoted words:

> Das Leben ist der Güter grösstes nicht,
> Der Übel grösstes aber ist die Schuld.

and he scarcely foresaw, how quickly this view would be replaced by another. In the forties of the nineteenth cen-

---

1 Der Schiffer und der Gott, in Schaum, p. 129.

2 Liebesgedichte, romantisch und modern. Nr. 4 in Schaum, p. 223.

tury Robert Prutz wrote in his historical drama, *Moritz von Sachsen* :

> Das Leben ist des Lebens höchstes Gut,
> Zu wandeln schon. zu atmen ist ein Glück.
> Es giebt kein andres Unglück als den Tod,
> Weil er allein unwideruflich ist,

a line of thought which was, later on, carried a good deal further by Friedrich Nietzsche, who, in opposition to Schopenhauer, declared all speculations about the value of life to be nonsense, a standpoint outside of life from which alone the question could be settled being for obvious reasons impossible.

Schiller had written :

> Drum soll der Sänger mit dem König gehen,
> Sie beide wohnen auf der Menschheit Höhen!

and Ferdinand Freiligrath said :

> Mit dem Volke soll der Dichter gehen,
> Also les' ich meinen Schiller heut!

It had been the belief and the motto of the Rousseau age :

> Die Menschen sind einander gleich geschaffen,
> Sie sind begabt mit angebornen Rechten!

and not much later another view came to the front :

> Zwei Rassen giebts ; die eine wird mit Sporen,
> Mit Sätteln wird die andere geboren.[1]

---

[1] Karl Kösting, Der Weg nach Eden. Leipzig 1884, p. 75.

The movement of Young Germany, in which strong re-
volutionary tendencies, religious radicalism, a longing for
social reform by means of force, and the consciousness of
a higher morality had united, was too overcharged with
explosive power not to strike far beyond the mark. It
led to extremes in every respect and thus it practically
attained nothing, although the remote ideals it had held
up were not lost entirely. They retired, however, from
lyrical poetry. The revolution of 1848 had proved a failure, the attempt to erect a new German Empire under the
guidance of Prussia had proved a failure, the religious
movement of the forties, which was already believed to be
the start of a new reformation, had proved a failure, while,
at the same time, the old ideals, monarchical, absolutist,
ecclesiastical, ethical, faded away. Even Hegel's philosophy was no longer able to supply the time with a con-
solation for all these losses, and thus it happened that
pessimism, which had found a prophet in Arthur Schopenhauer as early as 1819, became a kind of popular philosophy in the sixties. It announces itself by the fact that
in 1859 *Die Welt als Wille und Vorstellung* has to be
issued in a new edition and finds a rapid expression in
the pessimistic or, at any rate, very melancholy novels of
Theodor Storm, Friedrich Spielhagen, Wilhelm Raabe
and Wilhelm Jensen, and the pessimistic lyrics of Storm,
Jensen, Heinrich Leuthold, Eduard Grisebach, Dranmor
(Ferdinand von Schmidt) and Ada Christen (Christiane
von Neupauer, *née* Friederik). Eduard Grisebach's anony-
mous collection of lyrics *Der Neue Tanhäuser* of 1869
opens that decidedly pessimistic series, and has had an
influence on German lyrics of the time that followed as no

other work since Heine's *Buch der Lieder*. It is because
of this influence that it has not been excluded from the
present collection although it does not properly belong to
the lyrics of the New German Empire. In it Schopenhauer's influence is only too evident:

> Friedberger Kirchhof! mein vergnügtes Wandern
> Durchs rosige Sein ward hier zur Pilgerfahrt:
> Hier ruht *ein Mann!* er war nicht wie die andern,
> Und eine Thräne rinnt mir in den Bart . . . . . .

> Ein schwarzer Marmor! Schnee und Regenschauer
> Verlöschten fast der Lettern goldnen Glanz,
> Den stolzen Namen: *Arthur Schopenhauer* —
> Zu Häupten lag ein welker Lorbeerkranz.

Occasionally that strong undertone of sorrow at the loss
of the old ideals (*e. g.* as expressed in *Leuchtend aus dem
Lindengrün* of the present collection) not only turns into
a lament over the alleged materialistic tendencies of the
age, which is supposed to pursue material success only,
but exalts pessimism in its most pronounced form as the
doctrine of self-destruction into an ideal, into the ideal of
the poet. It denounces the modern spirit of intellectual
progress which has destroyed the dear old phantoms, the
products of the imagination of three thousand years and
left nothing in their place but hopelessness and misery.
The *Neue Tanhäuser* even borrows from old master
Eckart the motto: "A Creature's delight is mixed with
bitterness" — and complains of the imperfection of human
nature, wherever health and strength are longing for their

rights and do not yield to the inexorable decree of self-renunciation.

It was not till somewhat later, in 1878, that theoretic pessimism, increased by the sad events of a spoiled life and expressed in the most beautiful classical forms of Goethe and Platen, made its appearance in German lyrics. In that year Jacob Bächtold edited the poems of unhappy Heinreich Leuthold, who on the 1st of July of 1879 died in a lunatic asylum in his native Switzerland. They had a certain literary influence in the time that followed, but when they appeared, the wave of theoretic pessimism was just passing away and another phase, social pessimism, came up, which preferred as subjects the dreary lot of the lower part of the working class. Thus they failed to have the full effect they would have had, had they been issued previous to the *Neue Tanhäuser*. Pessimism as a theoretic *Weltanschauung* does not die out so quickly in German literature, but lives on even till the eighties and nineties. It finally arrives at the conclusion, that life is merely a step to infinite misery and it is better never to be born:[1]

> Im Keim erstickt wird eine Welt voll Jammer
> Mit jeder Mädchenleiche; eine Welt
> Voll Weh wird wach geküsst, wenn in der Kammer
> Der Brautkranz und mit ihm der Schleier fällt.

The first impulse to overcome pessimism as a *Weltanschauung* was given by the Franco-German war of 1870 and the erection of the New German Empire. which was followed by an immense raising of patriotic feeling among

---

[1] Karl Kösting. Der Weg nach Eden. Leipzig 1884.

the German nation. A new classical period of German literature was generally expected, and the war-like songs of numerous poets were regarded as the beginning of it. Yet the best of these move entirely within the old traditional style and mode of thought, which characterises the poetry of the War of Liberation. Even Geibel's *Am dritten September* 1870 is no exception.[1]

> Nun lasst die Glocken von Turm zu Turm
> Durchs Land frohlocken im Jubelsturm,
> Des Flammenstosses Geleucht facht an!
> Der Herr hat Grosses an uns gethan.
>   Ehre sei Gott in der Höhe!

In November 1859 Charles Darwin's work *On the origin of species* had appeared, which almost immediately began to transform not only biological science but also the general *Weltanschauung* of the educated classes. Both the tempest of opposition it aroused and the equally vehement support it met with, helped to its success. The same thing which by the hypotheses of Kant and Laplace had been shown for the universe at large and by Lyell's works for the history of the inorganic world of the earth, was, thereby, proved for organic nature, and this change, through the medium of Huxley's *Evidences as to Man's Place in Nature*, almost at once precipitating man from that pedestal on which his ignorance had placed him, made him merely a brother of the higher branches of mammalia. It was only by Darwin's hypothesis that

---

[1] Emanuel Geibel's gesammelte Werke. Stuttgart 1883. Vierter Band, p. 250.

the modern building of natural science received its final touches, and the modern *Weltanschauung* its safe centre. Since the days of the discovery of America and the work of Copernicus and Kepler science had been busy destroying the cathedral of medieval mythology, and attempting to erect a new tower instead. The time when light, colour, life, soul, sound, lightning were regarded as superhuman substances, and mountains, rivers, human faculties and qualities, desires and ideals as eternal and invariable, passed slowly away, and the place of superhuman substance was taken by certain processes or forms of motion, and the place of eternity and invariability by evolution. Such a change could not fail to be of the most serious consequence in the modification of men's expressions, feelings, desires, aspirations, morals, ideals and even actions, in fact of whatever is of aesthetic value for modern man. Aesthetic values, or conceptions which are invariably bound up with certain feelings, are the building stones of poetry, and thus changes in these matters cannot take place without affecting the poetry of a time just as even the style of a building is largely influenced by the material out of which it is constructed. But poetry being very conservative and possessing its own written tradition, such changes go on very slowly, even more slowly than the depreciation of old aesthetic values. Thus a poetry which aimed at representing modern life in the light of the new scientific conception of the world, at utilising the new aesthetic values as its materials, and at looking at life from the standpoint of new ethical ideas which were furnished by that conception, made its appearance in different countries at very different times. Frequently *e. g.*, in the field of political poetry, a poetry with a pronounced purpose makes the beginning and it is only after a while that poets take the new advanced opinions as the self-evident basis of their work, considering it no longer necessary to preach or to defend their new standpoint. And this holds good specially in German literature which at all times has concerned itself to so large an extent with the evolution of mental life and the development of the aspect of the natural world, which is offered by tradition, revelation, foreign literatures or science.

It was only in the eighteenth century that Copernicus' theory of the universe entered German literature. It was through Haller that natural science and poetry were brought into contact. Since then, occasionally, scientific subjects were treated even in lyrics, and when, towards the middle of the present century, by numerous excavations a whole world of fossil relics was brought to light, it was, in 1867, with much humour introduced into the poetry of students' songs by Victor von Scheffel:[1]

> Es rauscht in den Schachtelhalmen,
> Verdächtig leuchtet das Meer,
> Da schwimmt, eine Thräne im Auge,
> Ein Ichthyosaurus daher.
>
> Ihn jammert der Zeiten Verderbnis,
> Denn ein sehr bedenklicher Ton
> War neuerlich eingerissen
> In der Liasformation . . . . . .

---

[1] Gaudeamus. Lieder aus dem Engeren und Weiteren. Stuttgart 1867, p. 5.

Darwinism entered German lyrics as early as 1871, not
as a pale theory laboriously worked into metre, but as a
full, living contemplation of organic nature, as a new
gospel connected with the exulting optimism of the strong,
healthy, self-asserting man, who is proud of the toilsome
ascent of his species that has successfully fought out its
fight for the means of existence through millions of years
and will réach a still higher perfection in a remote future.
It was Wilhelm Jordan who introduced the new *Weltanschauung* of evolution into German lyrics by his collection
of songs *Strophen und Stäbe* of 1871. Of Darwin he
says : [1]

Er hats greiflich klar wie niemand
Ausgespürt und aufgezeigt,
Wie und welche tausend Pfade
Sacht empor das Leben steigt,
Ich nur aller Pfade Richtung
Aus des Dichters Vogelschau
Überblickt, erahnt in ihnen
Ziel und Plan im Weltenbau.

Wie — so lautet *seine* Frage —
Stärken, steigern Hunger, Tod ?
Meine : — was erlöset weiter
Gott in uns aus Neid und Not ?
So vom Baum des Lebens pflückten
Beide wir dieselbe Frucht :
Ihm des Wissens, mir der Weisheit
Allerhöchstes ist die *Zucht*.

---

1 *Strophen und Stäbe*, Frankfurt a. M. 1871, p. 209.

Six years later he gave to his nation another book, the
finest work of his life and the highest expression of his
poetical power: *Andachten*,[1] in which he already embraces
the new *Weltanschauung* with the whole intensity of the
feelings of the preacher at the hearth, who gives expression to his new knowledge no longer as a learning just
acquired, but as his holiest convictions, part and parcel
of himself, indissolubly connected with his whole existence. It is his greatest disappointment that German theology stands by with its face averted and does not take
the hand of science offered to it. A reconciliation of the
old religious feelings with the scientific conception of the
world is his ideal, and he would willingly give away anything if, at that price, he could get that reconciliation. He
tried, but did not succeed. German established churches
fail to see that it would be to their advantage to accept
the new revelation of science instead of assailing it, and
the poet mourns that, in consequence, the authority of the
clergy is decaying more and more every day. The re-
sponsibility for this he throws on the representatives of
religion and he attacks them in his own way:

Ihr leugnets keck, dass sich das Ewigwahre
Dem Menschengeiste weiter offenbare,
Und neuer Offenbarung neue Sprüche
Sind euch nur Giftgebräu der Teufelsküche.

Ihr seid zu stumpf, zu faul, von ihr zu lernen,
Was sie von Erde, Sonne, Mond und Sternen,

---

[1] Andachten von Wilhelm Jordan, Frankfurt a. M. 1877.

Vom Stufengang des Lebens auf der Bahn
Allmäliger Entfaltung dargethan.

Ihr predigt fort vom menschenhaften Schöpfer,
Seid lieber Thon, geformt von ihm, dem Töpfer,
Als Schritt um Schritt mit schwer erkämpften Siegen
Vom Wurm empor zum Menschentum gestiegen . . .

Ihr macht für Heiliges die Herzen kühler;
Schon mehr als ihr von Humboldt weiss der Schüler,
Und höhnisch thut er mit dem Dunkelmann
Der welken Schale lautern Kern in Bann.

Ihr Päpstlein mit und ohne Syllabus,
Ihr brietet, ging es nur, noch heut den Huss,
Und sperrtet alle Wissensmehrer ein —
Und ihr wollt heute noch die Lehrer sein ?

It was very little later, in 1886, that a young writer,
the greatest lyrical genius alive to-day in Germany, gave
expression to the positive part of this new *Weltanschauung.*[1]

Der Lenzwind liess die Äste knarren,
Vom Dorf herüber klang die Uhr,
Ich lag begraben unter Farren
Und stammelte : Natur! Natur!

In alten Büchern steht geschrieben,
Du bist ein Weib, ein schönes Weib;

---

[1] Arno Holz. Das Buch der Zeit. Lieder eines Modernen.
Zürich 1886, p. 253.

Ich bin ein Mensch und muss dich lieben,
Denn diese Erde ist dein Leib!

Weh jenem bleichen Nazarener!
Er stiess dich kalt von deinem Thron!
Ich aber bin so gut wie jener
Der Gottheit eingeborner Sohn!

Ich will nicht mönchisch dich zergeisseln —
Her, deinen Freudenthränenwein!
Ich will dein Bild in Feuer meisseln
Und Vollmensch wie ein Grieche sein!

In the same sense, nine years later, Johannes Grosse
bids good bye to all the hopes that go beyond the grave.[1]

Ich stelle wiederum die Frage:
Was soll ich thun, dass ich selig werde?
Und hebe an die Klage:
Warum, warum nicht auf der Erde?

What asceticism could not comprehend nor value rightly
was human love, and yet it is the eternal centre and
source of life.[2]

Denn die Schöpfung neuer Leben
Schreitet machtvoll durch die Runde:
Lieb' empfangen, Liebe geben,
In der heilgen Schöpfungsstunde.

---

[1] Johannes Grosse. Buch der Erinnerungen. Strassburg i. E.
1895, p. 216.
[2] Ibid., p. 214.

In the beginning of the eighties, among the literary
youth of Germany the consciousness quite slowly awakens,
that the old ideals are waning, but instead of looking
round for new ideals, poets try to depict in their writings
"life as it is." Hence the term "Realism." In reality,
of course, they do nothing of the kind. They see life
not only through their temperament but also through the
glasses of the ideas they have inherited, and describe less
their impressions than express their views. But, on the
other hand, the purpose to communicate in poetry one's
own impressions leads to a more comprehensive study of
modern life and the modern conditions of existence as
well as of the mental milieu of the time. Thus vast
fields of subjects are opened up to literature: the novel
extends rapidly over disease, misery, crime, the drama
takes up ethical problems in their relation to hypocrisy,
morbid conditions of life, impotency and hereditary illness
and insanity, and lyrics treat of the various aspects of
modern life with its thousandfold phenomena and its ever
increasing differentiation under the effect of division of
labour, of the sufferings of the working class, of life in the
factories, of the modern large towns with the pomp in
their shop-windows and the misery in their east-ends, of
the social life of the rich, of the world of the nursery, of
the study of the scholar, of electioneering, of astronomical
discoveries, of the lot of the modern poet, of the tragedy
of railway accidents ; of *modern love* as being under the
influence of the new social conditions and ethical ideals
of the age, of the dreary love of the starving, of modern
flirtation in brilliant drawing rooms, of matrimonial love,
of love-faith and love-hypocrisy, of reckless seeking and

faithless leaving, of dying love and dying lovers, of love quarrels and love repentance, of the new ideal of female beauty and worthiness; of *modern thought* with its strong tendency towards a scientific monistic conception of the world, as it is taught by Ernst Haeckel,[1] and the evolutional utilitarianism in the field of ethics as it is represented by Jordan and Nietzsche, of the struggle for existence in nature and human life, of the new gospel of evolution, of the struggles between science and religion, of doubt and faith, and of the waning of the belief in a personal immortality, nay of a belief in God, and of the wilful breaking down of all kinds of voluntary limitations.

In the forefront of interest stands modern life with its social tendencies. Arno Holz calls up the German poets:[2]

> Und dräut auch manche Wolke
> Euch schwarz am Horizont,
> O haltet treu zum Volke,
> Ihr habts noch nie gekonnt!
> Nach ihm streckt seine Krallen
> Siebenfach die Not;
> Der schrecklichste von allen
> Ist doch der Kampf ums Brot.

It is he who opens up the life of the working class to

---

[1] Ernst Haeckel. Der Monismus als Band zwischen Religion und Wissenschaft. Glaubensbekenntnis eines Naturforschers. Bonn 1893. Vierte Auflage.

[2] Das Buch der Zeit. Zürich 1886, p. 70.

modern lyrics, he who finds the poetical aspect of the labour leader's working and suffering.[1]

Ich seh' ihn Tag für Tag, als wäre nichts geschehn,
Still mit dem Glockenschlag an seine Arbeit gehn;
Das Halstuch rot wie Blut, von Locken wirr umflogen,
Den Calabreserhut tief in die Stirn gezogen . . . . . .

Under the pen of the modern poet the life of the modern *Weltstadt* begins to live in verses:[2]

Wie das Leben so voll und so wogend rollt
In der Weltstadt hochklopfenden Adern,
Wo Wagen an Wagen hinunter rollt
Auf sprühenden Pflasterquadern!
Von Gesicht zu Gesicht
Das Laternenlicht
Hüpft flackernd vorüber,
Gespenstisch, als läg, alles Leben im Fieber.

The brothers Hart go still further. Their poetry penetrates into the conditions of modern social existence with its manifold correlations:

" . . . . Nicht wehe den Gerichteten! Ich sage:
Wehe den Richtern! Weh allen, die das Schwert
Ausstrecken und des Rechtes schwere Wage
In schwachen Menschenhänden führen; es zehrt
An *aller* Mark der Sünde flammend Feuer.
Ein *jeder* ist verschuldet *jeder* That

---

[1] Das Buch der Zeit. Zürich 1886, p. 163.
[2] B. Johannes Grosse. Buch der Erinnerungen. Strassburg i. E. 1895, p. 49.

Und trägt auf seiner Seele ungeheuer,
Was jeder je an Schuld und Frevel that.
Ihr stosst den einen tief hinab in Nacht,
Den anderen hebt ihr empor zum Licht ;
Lehrt ihr die Blinden, was sie sehend macht?
Und trocknet ihr der Weinenden Gesicht?"

The German realistic movement dates from 1882. It was in that year that the two brothers Heinrich and Julius Hart began to issue their series *Kritische Waffengänge*. Directly inspired by this in the summer of 1883 a small literary circle gathered round the two brothers at Berlin, consisting almost entirely of students at the University and reaching the number of about twenty. The brothers Hart were the leading spirits, and the more distinguished members were Wilhelm Arent, Karl Henckell, Hermann Conradi, Arno Holz and Otto Erich Hartleben. Lyric poetry was the proper field of all of them, and being unable to find a publisher for their productions, in the autumn of 1884 they published under the title of "*Moderne Dichtercharaktere*" a collection of their poems and sent it post free to anybody who cared for it. In 1886 a second edition was issued under the title of "*Jungdeutschland.*"[1] It is largely devoted to the lyric of so called social pessimism, which is thus introduced by Wilhelm Arent :

Ein freudlos erlösungheischend Geschlecht,
Des Jahrhunderts verlorene Kinder,

---

[1] Jungdeutschland. Unter Mitwirkung von Hermann Conradi und Karl Henckell, herausgegeben von Wilhelm Arent. Zweite Auflage. Friedenau (Berlin) und Leipzig 1886.

So taumeln wir hin! wes Schmerzen sind echt?
Wes Lust ist kein Rausch? wer kein Sünder? . . . .

Selbstsucht treibt alle, wilde Gier nach Gold,
Unersättlich Sinnengelüste,
Keinem einzigen ist Mutter Erde hold —
Rings graut nur unendliche Wüste!

The same intensity of feeling that centres round social
problems and the social life of our age, finds expression
in the songs devoted to modern love and the modern
woman. In this field Arno Holz is surpassed as regards
passion and power both by Julius Hart and Johannes
Grosse. It is the latter who addresses a modern
Brynhild:[1]

In dir wohnt ein Brynhildengroll,
. Im Auge dir Brynhildgedanken ;
Dein Körper ragt so kühn, so voll
Und ledig alles Weichlichkranken.
Im Busen schwillt dir heisse Kraft,
Wie drängend, um ein Kind zu säugen,
Die ganze Seele — Leidenschaft —
Und muss sich vor dem Zwange beugen,
Gefesselt an den kranken Mann,
Den deine Brust kaum wärmen kann . . . . . .

Du warst zu einer seltnen Frau
Geboren, würdig für das Grosse,
Verkümmert nun, wie ohne Tau
Des Himmels siecht die heisse Rose.

---

1 Johannes Grosse. Buch der Erinnerungen. Strassburg i. E.
1895, p. 65/66.

Wär dir ein Herz erweckt zur That
Und eine Walstatt dir geboten.
Und wär' ein Siegfried dir genaht,
Wie Frühling mit dem Liebesoden,
Der Leben haucht und Leben schafft :
Dann wär' entfaltet deine Kraft.

In 1885 M. G. Conrad of München founded a realistic monthly *Die Gesellschaft. Realistische Monatsschrift für Literatur, Kunst und öffentliches Leben* in which he largely cultivated lyrics. So did Karl Emil Franzos in the fortnightly *Deutsche Dichtung*, which he founded in 1887 and L. M. Kafka in the *Moderne Dichtung, Monatsschrift für Literatur und Kritik*, founded in 1890 and named *Moderne Rundschau* in 1891. These three journals have been the centres of publication for lyrics, the *Deutsche Dichtung* more for the old-idealistic and romantic lyric, the two others for impressionistic or generally modern lyric. The characteristic features of realistic or impressionistic lyrics are that they no longer regard human actions in the light of the perception of transcendent guilt and transcendent atonement; of enthusiasm for manslaughter; of the immutable binding of a promise; of the fruitless despair following from some unimportant mistake; of the belief in the irrevocability of human actions; and of the faculty of man to will anything he may choose. These things are occasionally mixed with the opinion that there are no longer moral standards at all, that the recognition of the laws of nature has put an end to the moral world. It is the theory of poetry Zola has given in *Le Roman expérimental,* according to which the function of the poet is

simply to depict what he sees around him, he being simply
a photographer.

Having reached that point of distinctness and clearness
that theory could not fail to be overcome. So it was in
1889. "*L'art pour l'art.*—The struggle against purpose
in art is always a struggle against the moralising tendency
in art, against its subordination under morals. *L'art pour
l'art* means: to the devil with morals! But even that
hostility betrays the overgreat power of the prejudice. If
the purpose of preaching morals and improving men has
been excluded from art, it does not, therefore, follow that
art is altogether purposeless, aimless, senseless; shortly
l'art pour l'art, a serpent that bites its own tail. Rather
no purpose at all than a moral purpose. Thus speaks mere
passion. The psychologist, however, asks: what is art's
work? Does it not praise? does it not glorify? does it
not select? does it not draw to light? With all that, it
strengthens or *weakens* certain valuations. Is that merely
something occasional? some chance? something in which
the artist's instinct does not take any part? Or is it not
rather the presumption for a *posse* of an artist? . . ."[1]

Early in the seventies a young professor of Humanity
in the University of Basel, Switzerland, named Friedrich
Nietzsche, had in two "inopportune contemplations" cele-
brated Schopenhauer as an educator and his follower
Richard Wagner as the star of Baireuth. It was just the
time of the last phase of German pessimism, and the
pamphlets met with a certain success. But when their
author afterwards, in a number of publications, turned to

---

[1] Nietzsche. Götzendämmerung. Leipzig 1889, § 26.

ethical problems his public got more and more limited,
and even when in *Jenseits von Gut und Böse*, in the
controversy *Zur Genealogie der Moral*, and in his oriental
prose poem after the fashion of the Tripitaka *Also sprach
Zarathustra* in 1886 he reached the summit of his work, he
did not secure a large circle of readers. It was not until
1888, when Nietzsche, in a pamphlet *Der Fall Wagner*,
suddenly turned against the musician of Baireuth whom
he before had praised, that public attention was directed
towards him. And when, soon after the publication of
*Götzendämmerung oder wie man mit dem Hammer philo-
sophiert*, the news came that the hermit of Sils Maria had
been attacked by a very serious nervous disturbance leading to permanent madness and confinement in a lunatic
asylum, the general interest turned rapidly to his works.
From 1889 the German journals are full of Nietzsche, and
more especially the literary monthlies like M. G. Conrad's
Gesellschaft,[1] L. M. Kafka's *Moderne Dichtung*,[2] Brahm's
and Bölsche's *Freie Bühne*[8] commented largely on his life
and works. Hermann Conradi's *Lieder eines Sünders*[4] are
the first collection of songs to show Nietzsche's influence
on German lyrics. *Triumph des Übermenschen* the song
is called, in which the young poet sings :[6]

> Sterblicher! Sprich mit der Ewigkeit!
> Sterne geben dir ihr Geleit —

---

[1] München 1885 and 1886, Leipzig 1887 ff.

[2] Leipzig, Brünn, Wien 1890. Since 1891 under the title Moderne Rundschau.

[8] Berlin 1890 and 1891 (weekly), 1892 and 1893 (monthly).
Since 1894 under the title Neue Deutsche Rundschau.

[4] Leipzig (1887).   [6] p. 145.

Brennen auf deinen Scheitel nieder —
Giessen Ströme des Segens aus:
Daseinsfreude hebt die Lider —
Türmet die Quadern des neuen Baus.

Nietzsche replaces under Jordan's influence the exalta-
tion of happiness as the higher good, the ideal of eudaemon-
istic utilitarianism, by the ideal of a higher development
of the human race, which is directly derived from the
theory of evolution. Such a higher development is possible only by a preservation of the stronger and a weeding
out of the weaker, or by a keeping alive of social selection.
The stronger have by their strength the right of preservation, the weaker by their feebleness the duty of dying out.
The first live thus under a master-morality, the latter under
a slave-morality, which, from the instinct of self preservation,
preaches protection of the weak. In the present time the
latter have, to a certain extent, succeeded in making the
strong live under the slave-morality also. The weak call
evil whatever is hurtful to them, the strong call mean
whatever they deem too low for them to do. Both call
good the contrast to their "bad." But it is evident, that
the "good" of master-morality means something very
different from the good of slave-morality. The master-
morality is the genuine morality of all powerful and war-
like tribes, the genuine morality of the Germanic nations,
which once called him who stood first, *fruma* or *frum*,
and for which the idea of moral goodness was identical
with strength and efficiency. It is closely akin to the
English conception of gentleman-like and lady-like, which
is an important relic of a pre-christian moral valuation.

Master-morality is self-asserting, slave-morality self-deny-
ing, master-morality conquers and keeps, slave-morality
renounces and loses.

Nietzsche's influence on German literature is manifold.
The charm and the artistic perfection of his style are such
that since about 1888 they have fascinated the German
literary youth. The admiration of his works found the
most varied expression. Whether a young poet [1] devotes
sonnets to the philosopher:

> Ich les' es jauchzend, les' es tief bewegt,
> Was mit demantnem Griffel du geschrieben,

whether another in a novelette thus describes a room of an
old-fashioned inn: "It was something special, this old
common room. It possessed its hidden depths and dan-
gerous secrets like a book by Friedrich Nietzsche," [2] or
whether Hermann Conradi's novel *Adam Mensch* [3] and
his pamphlet *Wilhelm II. und die junge Generation*, [4] or
a pamphlet of Leo Berg's [5] betray only too distinctly the
influence of Nietzsche's aphoristical style; — all these
features show the same thing. Very soon Nietzsche's
ideas and ideals influence German lyrics. In the chapter
Von Kind und Ehe of *Also sprach Zarathustra* Nietzsche
had drawn from his new ethical ideal conclusions for

---

[1] Johann Gottfried Oswald in Deutsche Dichtung ed. by Franzos,
Vol. XII. Berlin 1890, p. 173.

[2] Otto Erich Hartleben. Die Geschichte vom gastfreien Pastor,
Freie Bühne. Juli 1793, p. 808.

[3] Leipzig 1888.   [4] Leipzig 1889.

[5] Das sexuelle Problem in der modernen Literatur. Zweite
Auflage. Berlin 1890.

modern love — and so early as 1893 Richard Dehmel gives that new love ideal expression in his poem *Venus Madonna*;[1] in *Jenseits von Gut und Böse* (1886) Nietzsche had proclaimed his master-morality, and in 1895 Johannes Grosse in his *Buch der Erinnerungen* inscribes a whole chapter *Herrenmoral* and sings in the poem *Religion der Liebe* the praise of the new ideal of a higher development of humanity by the social selection of the best. Nietzsche's superior personality, by which similar individualities are irresistibly attracted, and the charm of a great artist which places his works almost on a level of attractiveness with works of fiction, and the power of that thought which springs from the very lifeblood of his time, all tend to produce open followers and at the same time that unconscious bias of opinion which is strongest where it is disowned. It is not difficult to see that influence, for, in a democratic age like ours, anti-democratic tendencies will at once be denounced, and the gospel of physiological superiority will meet with that immortal Chandala-hatred, which is so powerful because it is disguised under the mask of humility and renunciation.

Whilst, ten years ago, the German literary youth stood to some extent under the influence of that spiritualism which tries to drive out health and the joy of life as hateworthy vices, and of socialism which hates everything that is great and superior, whilst Schopenhauer and Wagner, Hartmann and Du Prel, Marx and Bebel, had a considerable number of followers among them, and whilst the

---

[1] Aber die Liebe. München 1893, p. 216.

songs of social pessimism were frequently only a hair-breadth distant from social democracy, and spiritualistic and mystic tendencies were by no means rare, since that time most of the younger poets, under the influence of scientific monism, of Darwinism and of Nietzsche's aristocratic ideals, have been thrown into an altogether different line. The spreading of scientific monism is inimical to all mythological relics of olden times, and Nietzsche's ethical theory is inimical to all democratic and humane aspirations. In more than one case it is possible to study that evolution in a single volume. The best instance is Johannes Grosse's *Buch der Erinnerungen*,[1] a work of rare lyrical power and energy of thought and expression. For Grosse our time is the age [2]

> Wo eine mächtige Religion
> Zum letzten Kampfe schreitet
> Und an der neuen
> Noch das Jahrhundert schwanger geht.

It is, of course, impossible to foresee the ultimate results of the fermentation of German thought in our age upon lyrics, and poetry and art generally. But there will be few nations the lyrics of which have, in same measure, kept step with the mental progress of the time, and after what has been done in the German lyrics of the last quarter of a century, there can be no doubt that the aesthetic and poetic faculties of Germany are fully abreast of the tasks of the time. German lyrics of to-day are still on the way upwards, as are German poetry and German thought gen-

---

[1] Strassburg i. E. 1895.   [2] p. 216.

erally. The position which the German of to-day takes towards his own nation has been well expressed by Heinrich Hart. in the *Vorgesang* to his *Lied der Menschheit*, where he thus addresses his people : [1]

Volk, das ich liebe, Volk, an dessen Kraft
Ich glaube. du der Menschheit Blut und Saft,
Du grüne Eiche, schwellend von Geäst,
Dein Haupt trinkt Himmelsglanz, gen Ost und West
Streckst du die Arme. erzgeschmiedet drückt
Dein Fuss des Erdreichs Kern, kein Sturmwind rückt
Zur Seite dich um einer Spanne Raum,
Durch deine Blätter rauscht ein Frühlingstraum,
Aus deinem Wipfel klingt es wie Geläut :
Es kommt ein Morgen, der die Welt erneut.

Alexander Tille.

[1] Jungdeutschland, herausgegeben von W. Arent. Friedenau (Berlin) und Leipzig 1886, p. 178.

German Songs of To-day

Modern Life

Frühling

Schon blökt ins Feld die erste Hammelherde,
Der Hof hielt seine letzte Soiree,
Und grasgrün überdeckt die alte Erde
Coquett ihr weisses Winternegligee.
Der Wald rauscht wieder seine Lenzgeschichten,
Und mir im Schädel rasselt kreuz und quer
Ein ganzer Rattenkönig von Gedichten,
Ein Reim- und Rythmenungetüm umher.

Wie Gold in meine ärmliche Mansarde
Durchs offne Fenster fällt der Sonnenschein,
Und graubefrackt lärmt eine Spatzengarde:
Ich schnitt es gern in alle Rinden ein!
Die Luft weht lau, und eine Linde spreitet
Grün über ihr ihr junges Laubpanier,
Und vor mir auf dem Tisch liegt ausgebreitet
Fein säuberlich ein Bogen Schreibpapier.

Denn nicht am Waldrand bin ich aufgewachsen,
Und kein Naturkind gab mir das Geleit,
Ich seh die Welt sich drehn um ihre Achsen
Als Kind der Grossstadt und der neuen Zeit.

Tagaus tagein umrollt vom Qualm der Essen,
Wars oft mein Herz, das lautauf schlug und schrie,
Und dennoch, dennoch hab ich nie vergessen
Das goldne Wort: Auch dies ist Poesie!

.

O wie so anders als die Herren singen,
Stellt sich der Lenz hier in der Grossstadt ein,
Er weiss sich auch noch anders zu verdingen,
Als nur als Vogelsang und Vollmondschein.
Er heult als Südwind um die morschen Dächer
Und wimmert wie ein kranker Komödiant,
Bis licht die Sonne ihren goldnen Fächer
Durch Wolken lächelnd auseinander spannt.

Und Frühling! Frühling! schallts aus allen Kehlen,
Der Bettler hörts und weint des Nachts am Quai,
Ein süsser Schauer rinnt durch alle Seelen
Und durch die Strassen der geschmolzne Schnee.
Die Damen tragen wieder lange Schleppen,
Zum Schneider eilt nun, wer sichs „leisten" kann,
Die Kinder spielen lärmend auf den Treppen,
Und auf den Höfen — singt der Leiermann.

Es tritt der Strohhut und der Sonnenknicker
Nun wieder in sein angestammtes Recht,
Und coquettierend mit dem Nasenzwicker

Durchstreift den Park der Promenadenhecht.
Das ist so recht die Schmachtzeit für Blondinen,
Und ach, so mancher wird das Herzlein schwer,
Ein Duft von Veilchen und von Apfelsinen
Schwingt wie ein Traum sich übers Häusermeer.

Am Arm das Körbchen mit den weissen Glöckchen,
Das blonde Haar zerweht vom Frühlingswind,
Lehnt bleich und zitternd im verschossnen Röckchen
Am Prunkpalast das Proletarierkind.
Geschminkte Dämchen und gezierte Stutzer,
Doch niemand, der ihm schenkt ein freundlich Wort;
Und naht sich abends der Laternenputzer,
Dann schleicht es weinend sich ins Dunkel fort.

Und macht die Nacht dann ihre stille Runde,
Und blitzt es licht durchs dunkle Firmament,
Dann ists dieselbe Lenznacht, die zur Stunde
Sich lagert um den Busen von Sorrent!
Dann ists derselbe Mond, der rings das Pflaster
Sacht überdeckt mit seinem goldnen Vliess,
Den vor Jahrtausenden schon Zoroaster
Als ewgen Herold aller Lenze pries!

Arno Holz.

Auf der Fahrt nach Berlin

Von Westen kam ich, — schwerer Haideduft
Umfloss mich noch, vor meinen Augen hoben
Sich weisse Birken in die klare Luft,
Von lauten Schwärmen Krähenvolks umstoben,
Weit, weit die Haide, Hügel gelben Sands,
Und binsenüberwachsne Wasserkolke,
Fern zieht ein Schäfer in des Sonnenbrands
Braunglühndem Reich verträumt mit seinem Volke.

Von Westen kam ich, und mein Geist umspann
Weichmütig rasch entschwundne Jugendtage,
Wars eine Thräne, die vom Aug mir rann,
Klangs von dem Mund wie sehnsuchtsbange Klage?....
Von Westen kam ich, und mein Geist entflog
Voran und weit in dunkle Zukunftstunden ....
Wohl hob er mächtig sich, sein Flug war hoch,
Und Schlachten sah er, Drang und blutge Wunden.

Vorbei die Spiele, durch den Nebelschwall
Des grauenden Septembermorgens jagen
Des Zuges Räder, und vom dumpfen Schall,
Stöhnt, dröhnt und sausts im engen Eisenwagen ....

Zerzauste Wolken, winddurchwühlter Wald
Und braune Felsen schiessen wirr vorüber,
Dort graut die Havel, und das Wasser schwallt,
Die Brücke, hei! dumpf braust der Zug hinüber.

Die Fenster auf! Dort drüben liegt Berlin!
Dampf wallt empor und Qualm, in schwarzen Schleiern
Hängt tief und steif die Wolke drüber hin,
Die bleiche Luft drückt schwer und liegt wie bleiern . . . .
Ein Flammenherd darunter — ein Vulkan,
Von Millionen Feuerbränden lodernd, ...
Ein Paradies, ein süsses Kanaan, —
Ein Höllenreich und Schatten bleich vermodernd.

Hindonnernd rollt der Zug! Es saust die Luft,
Ein andrer rast dumpfrasselnd risch vorüber,
Fabriken rauchgeschwärzt, im Wasserduft
Glänzt Flamm' um Flamme, düster, trüb' und trüber,
Engbrüstge Häuser, Fenster schmal und klein,
Bald braust es dumpf durch dunkle Brückenbogen,
Bald blitzt es unter uns wie grauer Wasserschein,
Und unter Kähnen wandeln müd die Wogen.

Vorbei, vorüber! und ein geller Pfiff!
Weiss fliegt der Dampf, ... ein Knirschen an den
                                           Schienen!

Die Bremse stöhnt laut unter starkem Griff . . . .
Langsamer nun! Es glänzt in aller Mienen!
Glashallen über uns, rings Menschenwirrn, ...
Halt! Und „Berlin!" Hinaus aus engem Wagen!
„Berlin!" „Berlin!" Nun hoch die junge Stirn,
Ins wilde Leben lass dich mächtig tragen!

Berlin! Berlin! Die Menge drängt und wallt,
Wirst du versinken hier in dunklen Massen . . . .
Und über dich hinschreitend stumm und kalt,
Wird niemand deine schwache Hand erfassen?
Du suchst — du suchst die Welt in dieser Flut,
Suchst glühende Rosen, grüne Lorbeerkronen, ...
Schau dort hinaus! . . Die Luft durchquillts wie Blut,
Es brennt die Schlacht und niemand wird dich schonen.

Schau dort hinaus! Es flammt die Luft und glüht,
Horch Geigenton zu Tanz und üppgem Reigen!
Schau dort hinaus, der fahle Nebel sprüht,
Aus dem Gerippe nackt herniedersteigen . . . .
Zusammen liegt hier Tod und Lebenslust,
Und Licht und Nebel in den langen Gassen — — —
Nun zeuch hinab, so stolz und selbstbewusst,
Welch Spur willst du in diesen Fluten lassen?

Julius Hart.

Verfallen

Verfallen steht im Waldesgrund
Am Saumweg eine Schmiede,
Draus tönt nicht mehr der Hammerschlag
Zum arbeitsfrohen Liede.

Nicht weit entfernt ragt in die Luft
Ein langgestreckt Gebäude,
Wo walten im Maschinenraum
Berusste Hammerleute.

Mit Nägeln aus der Dampffabrik
Ward zu der Sarg geschlagen,
Der den verarmten Nagelschmied
Zugrabe hat getragen.

Heinrich von Reder.

Die Näherin

Ich sitz' und zieh geschwind, geschwind,
Indes der lange Tag verrinnt,
Den Faden durch das bunte Kleid,
Und die Gedanken eilen weit.
Thränen, was raubt ihr mir das Licht?
Flieg, meine Nadel, und raste nicht!

Die Sonne lacht zur Arbeit mir,
Er sieht sie dort, ich seh sie hier,
Ich weiss ja, dass sie uns vereint
An keinem einzgen Tag mehr scheint.
Thränen, was raubt ihr mir das Licht?
Flieg, meine Nadel, und raste nicht!

Anna Klie.

Lass gut sein, Mutter!

Ein spärlich Feuer glimmt noch auf dem Herde.
Es ist der einzge schwache Schein — ein Licht
Wär viel zu teuer. In dem engen Raum,
Des Decke du mit deinen Händen greifst,
Ist übelriechende, verdorbne Luft.
Man hat die Fenster nicht geöffnet, denn
Die Wärme muss man halten, ach die teure Wärme!

Dort an der Wand, dem Herde gegenüber,
Da steht ein schmutzges Bett, und hässlich Stöhnen
Kommt von dort her aus einer kranken Brust.
Am blinden Fenster, das im Winde klappert,
Der draussen durch des Dorfes Gassen fährt,
Sitzt eine Frau und strickt. Sie hört das Stöhnen
Des Kranken nicht und sieht die Spiele nicht
Der Kinder, die zu ihren Füssen kauern. —
Sie sitzt und strickt, das Haupt nach vorn geneigt...

Da plötzlich dröhnt es auf dem schlechten Pflaster:
Herangerollt in vornehm schnellem Trab
Kommt ein Coupé. Die gnädge Frau steigt aus,
Der Diener reisst die Thür der Hütte auf,

So dass ein scharfer Luftzug bis ans Bett
Des Kranken fährt, und von der Schwelle tritt
Ein schönes, junges Weib, die Frau vom Schloss.

Mit leisen Schritten kommt sie näher, winkt
Der Frau, die sich erhob, und flüsternd fragt sie:
„Wie geht es ihm?" Sie weist zum Bett nach hinten
Ihr offnes, freudenreiches Antlitz glänzt
Verklärt vom Gotteshauche reinen Mitleids.

„Ach, gnädge Frau, das ist nu schon so lang!
Statt das er für die Kleinen und für mich
Arbeitet, muss er selbst erhalten werden,
Und besser werden kann er doch nicht wieder,
Und wenn er nu man nicht so lange machte. . . .

Ein rauhes Wimmern unterbricht das Weib,
Der Kranke hat sich halb emporgerichtet:
„Lass gut sein Mutter . . . ." und die eine Hand
Streckt er wie um Erbarmen flehend aus.
Noch einmal ruft er mit gebrochnem Hauch:
„Lass gut sein, Mutter . . . ." und dann sinkt er hin —
Und in das Haus der Armen trat der Tod.

Otto Erich Hartleben.

Hört ihr es nicht?....

Hört ihr es nicht? In meinem Ohre bang
Ewig tönt herber dumpfer Trommelklang.
In heller Lenznacht in der Nachtigall
Verträumtes Lied rauscht schwerer Waffenschall.
Der Sommer glüht in dunkler Rosen Duft —
Wie Rossestampfen schallt es durch die Luft.
Und wenn der Wein im grünen Glase quillt, —
Hörst nicht das Schlachtwort, das so blutig schrillt?
O Winternacht! Der Sturmwind heulend fährt,
Die starrenden Wege leer sein Odem kehrt.
Vergebens glüht am Feuerherd der Rost,
Stärker als Feuer brennt der kalte Frost.
An Haus und Wand und an des Wegs Geleis
Fliegt Schnee und knarrt das demantharte Eis.
O Winternacht! Durch Eis und fliegenden Schnee
Lauter als Sturmgeist schreit ein wildes Weh.
In dunklen Scharen drängt es finster an,
Mit Beil und Hammer wogt es dumpf heran.
Zerlumpte Haufen, wie vom Sturm verwirrt,
Das Eisen dröhnt, das blanke Messer klirrt.
Das Angesicht, blass wie ein Wintertag,

Sagt, wie das Elend gar so fressen mag.

Das Auge tief, die Wange hohl und schmal,

Auf Stirn und Wang der Krankheit brandges Mal.

Parol die Frag: Was für ein seltsam Wesen?

Antwort: Vom Elend wollen wir genesen . . . .

Hört ihr es nicht? In meinem Ohre bang

Ewig tönt herber dumpfer Trommelklang . . . .

Julius Hart.

Der Trunkenbold

Ja, lächelt nur und rümpft die Nasen,
Nennt Säufer mich und Trunkenbold,
Erzählts bei Vettern und bei Basen,
Dass ich vom Stuhle sei gerollt.
Erzählt es lachend meinetwegen,
Dass in der Gosse ich gelegen,
Ich bin ein ruinierter Mann —
Schnaps her, dass ichs vergessen kann!

Was hilfts mir, dass es mir gelungen
Durch meiner Hände Eisenkraft,
Nachdem ich Jahr und Tag gerungen,
Dass Haus und Hof ich mir geschafft?
O, könnt' ich es doch ganz vergessen,
Dass Weib und Kinder ich besessen,
O Kinderlachen, Weibeskuss —
Schnaps her, weil ichs vergessen muss!

Zehn Jahre Zuchthaus — neun gesessen —
Neun Jahre öder Kerkersnacht!
Mir ward die Strafe zugemessen,
Ein andrer hat die That vollbracht.

c

Herrgott, warum hast du geduldet,
Dass ich gebüsst und nichts verschuldet,
Dass ich ein kraftgebrochner Mann —
Schnaps her, dass ichs vergessen kann!

Man liess mich gehn aus meiner Zelle,
Entschädigung — nicht einen Deut!
Ich trat an meines Hauses Schwelle —
Dort wohnt ein andrer langezeit . . . .
Mein Heim zerstört, mein Weib gestorben,
Mein Sohn verkommen und verdorben,
Die Tochter, davon schweig' ich still —
Schnaps her, weil ichs vergessen will!

Hermann Loens.

Was will sie nur?

Im Winkel, wo die armen Sünder ruhn,
Da liegt er nun
Und schläft den ewgen Schlaf.
Er war ein Lump, der Weib und Kinder schlug;
Er hats verdient, so hiess es, was ihn traf.
Doch dass sein Weib *den* Jammer um ihn trug
Und jetzt noch trägt, was solls? Sie ist nicht klug —
Was will sie nur?

Sie soll mit ihren Kindern nun hinaus
Ins Armenhaus;
Man meint ihr wohlzuthun.
Sie lehnt es ab. Ein ärmliches Gemach
Wird Wohnstatt ihr, kaum gross genug zum Ruhn.
Stolz, Bettelstolz, wohnt unter ihrem Dach,
So hiess es, als sie spann und wusch am Bach —
Was will sie nur?

Die Kinder werden fromm und wohlgemut
In ihrer Hut;
Die Räume werden weit.
Nun sind auch gute Freunde wieder nah;

Sie warens, sagen sie, zu jeder Zeit.
Und wenn sie das nicht früher schon ersah,
Wars nur ihr Stolz, ihr alter, hiess es da —
Was will sie nur?

Sie bleibt verkannt, verlästert und gehetzt,
Bleibts bis zuletzt —
Es ficht sie gar nicht an.
Dem Treue halten, den sie einst geliebt,
Ein Leben führen, schlicht und wohlgethan,
Ausharren, als ihr armes Glück zerstiebt,
Weib sein und Mutter, die ihr Herzblut giebt —
Das wollt sie nur.

Georg Vogel.

Wahlgeschichten

I

Der Regierungskandidat

Die Hasen wollten sich vertreten lassen
Durch einen Abgeordneten beim Jäger;
Das sollte den so schwer bedrängten Massen
Ein Anwalt sein und ihres Rechtes Träger.
Da trat des Jägers Hund in ihren Kreis
Und sprach — er liess sich gern herab zu wedeln — :
„Wer euch noch einen bessern Anwalt weiss
Als mich, der rede frei heraus, ihr Edeln!
Des Jägers Ohr, so darf ich schmeicheln mir,
Besitz' ich ganz, und unverbrüchlich treu
Fühl' ich mit euch, wohlweises Mitgetier,
Vor unsrem Herrn die gleiche fromme Scheu.
Bekannt sind beide Teile mir aufgrund
Langjähriger Erfahrung, und beständig
War mein Intresse — dafür bin ich Hund! —
Für Jäger wie für Hasen gleich lebendig . . . ."

Da scholl Hurrah aus tausend Hasenkehlen,
Und jeder drängte sich, den Hund zu wählen.

II

Die freie Wahl

Erloschen war des Hundes Wahlmandat.
Der Jäger schoss die Hasen tot wie immer.
Doch flog ein Etwas durch den Hasenstaat
Wie erster schwacher Freiheitsmorgenschimmer.
Zur Neuwahl liess der Hund die Hasen laden.
Er rief bewegt: „Man juble, man erstaune!
Mein Souverän von Blei und Pulvers Gnaden
Erwachte heut' in liberaler Laune.
Er will, dass jeder frei sein Wahlrecht übe
Und ganz nach seiner Überzeugung stimme;
Wer frech das Bild der Volksabstimmung trübe,
Dem droh' er schwer mit seinem höchsten Grimme.
Dies ist sein Wunsch. Doch wünscht der Herrscher auch,
Dass ich euch, klug zu wählen, gründlich lehre.
Dass ich des Rechts unwürdigen Gebrauch
Beleuchte durch der Folgen ganze Schwere —
Hört nicht auf Freiheitsphrasen, wüst und hohl —
Ihr könntet eure Lage noch verschlimmern — —
Die Wahl ist frei! — Doch was zu eurem Wohl — "
Hier liess der Hund die Zähne freundlich schimmern —

Und wunderbar! Bei vorgenommner Wahl
Fiel auf den Hund der Stimmen ganze Zahl.

III

Die moralische Konsequenz

Und wieder Wahl nach abgelaufner Frist!
Zur Zeit der Schonung ward sie angesetzt,
Da von den Hasen nichts zu holen ist
Und sie sich mehren dürfen ungehetzt.
Des Jägers Büchse hatte den Etat
An feisten Hasen reichlich eingebracht.
Er sprach bei sich: „Gelegne Zeit ist da,
Dass man zum Scheine Konzessionen macht."
Da liess der Hund die Wähler sich versammeln:
„Der Jäger will," so rief er durch den Hain,
„Ein Hase soll — vernehmts mit Dankesstammeln —
In Zukunft euer Deputierter sein.
Denn was sein Volk bewegt aus tiefstem Grunde
(Der Herrscher nimmt es ernst mit seiner Pflicht!)
Vernehmen will ers nun aus Hasenmunde;
Ich aber kandidiere diesmal nicht!"

Die Hasen wählten wie aus einem Mund
Zu ihrem Abgeordneten — den Hund.

Otto Ernst.

Die Mittelmässigen

Die Musik ist heutzutage
Wohl der Menschheit grösste Plage:
Schauervolles wird erreicht,
Wenn der Mensch die Geige streicht
O ler um die Abendröte
Zwecklos bläst auf einer Flöte;
Und ich hege die Vermutung,
Dass auch der Posaune Tutung
Manchem wohl bei Tag und Nacht
Keine grosse Freude macht.
Dieser schlägt mit viel Gebimbel
Grausamlich das Klavezimbel,
Jener aber, gnadenlos,
Kneift das Cello — Gott ist gross!
Seine Langmut ist unendlich,
Treibts der Mensch auch noch so schändlich!

Andre wieder, wie wir wissen,
Sind der Poesie beflissen,
Kochen zu der Menschheit Schauer
Tag für Tag ihr Herz in Sauer,
Wandeln auf geblümter Au;

Viele Trauer-, Lust- und Schau-
Spiele fliessen zäh wie Leder
Aus der öden Dichterfeder,
Und es rinnt die trübe Flut
Ohne Ende! — Gott ist gut,
Dass er solches lässt geschehn,
Ohne ins Gericht zu gehn!

Andre, zu der Menschheit Qualen,
Legen wieder sich aufs Malen
Und beschmieren ohne Ende
Viele schöne Leinewände
Und viel herrliches Papier,
Zum Erbarmen ist es schier! —
Wär mit Rosen und Kamillen
Ihre Schwermut nur zu stillen!
Nein, sie wagen frech und wild
Sich an Gottes Ebenbild,
Und sie pinseln und sie kratzen
Süsslich, wabblich ihre Fratzen,
Dass die liebe Sonne weint,
Wenn sie solchen Schund bescheint,
Und so reiht sich Bild zu Bilde
Unermesslich! — Gott ist milde,
Denn er warf noch nie mit Feuer
Unter solche Ungeheuer!

Doch wenn mal ein grosser Geist
Sich empor zum Himmel reisst
Und vom ewgen Born der Klarheit
Niederbringt das Licht der Wahrheit,
Muss man sehen diese Ekel,
Diese krummgebeinten Teckel,
Wie sie ihn herunterreissen
Und ihn in die Waden beissen,
Denn sie schätzen jeder Frist
Nur, was ihresgleichen ist.

Heinrich Seidel.

Vor einem Laden

Auf der Strasse stand ich im Gedränge,
Um mich hastete die bunte Menge,
Schallten Wagen auf dem Pflaster lärmend,
Knallten Peitschen, bellten Hunde schwärmend,
Und es war ein Drängen und Getriebe,
Und es war ein Laufen und Geschiebe.
Aber ganz entrückt dem lauten Leben
Stand ich still mit heimlichem Erbeben
Vor der schönsten, hellen Fensterscheibe,
Dass mir lächelte das Herz im Leibe.
Mächtig hoch, kristallgeschliffen blinkte sie,
Und verführerisch dem Auge winkte sie. —
Frauenstrümpfe sah ich zierlich hängen
Feingewirkt mit vollen Knieeslängen,
Blau und rot und rosig schön gestaltet
Und verführerisch von Reiz umwaltet.
Ach, da waren seidenbunte Mieder,
Wohlgeformt wie edle Mädchenglieder,
Frauenhemden, duftig ausgebreitet,
Um des Busens Formen zart geweitet,
Und es reizten sanft die langen Falten
Wie belebte weibliche Gestalten.

Auch die bunten Bänder um die Kniechen
Lockten schönbemalt und klug verschwiegen
Und erzählten ahnungslos den Augen,
Was zu denken nimmer möchte taugen.
Ja, sie waren harmlos und geduldig,
Ja, sie waren reizend und unschuldig,
Diese Frauenwünsche, Mädchenträume,
Diese zartdurchbrochnen Röckchensäume,
Diese Mieder, üppig wie Gelüste,
Jene für die keuschen Mädchenbrüste,
Diese holdverborgnen Formendecker,
Diese schalkentsprungnen Männernecker!

Süsse Mädchen, ach, ihr schönen Frauen,
Wie vergnüglich ist das anzuschauen!

Wär' ich reich wie Salomo, der Sänger,
Krösusreich, ein feiner Rattenfänger,
Kauft' ich all die Leibeslust zusammen,
Kleidete in rascher Liebe Flammen
Mir die schönsten Mädchen, schönsten Frauen,
Dass sie sittsam wären anzuschauen.
Und dann ging ich fröhlich in die Weite,
Lachte, dächt' ich an die Miederbreite,
Pfiff' ein Liedchen, dächt' ich an die Schlanken,
Ja, ich hätte reizende Gedanken!

Wenn die lieben Mädchen nun erröten,
Will ich zärtlich und voll Unschuld flöten,
Wenn die holden Frauen mir verzeihen,
Will ich ihnen dieses Liedchen weihen,
Ja, ich will von dem, was ich im offnen Laden
Auf der Strasse sah, kein Sterbenswort verraten.

Wolfgang Kirchbach.

Der neue Stern

Um eine Sonne, welche hundertmal
Die unsre überstrahlt, und dennoch kaum
Ein matter Lichtpunkt irdischen Augen scheint,
Im fernsten Weltraum kreist ein Wandelstern,
Ein schöner Stern mit himmelhohen Bergen,
Mit blauen Meeren, breiten Riesenströmen
Und stolzen Städten, die sich in den Wellen
Der Meere und der Ströme prächtig spiegeln.
Und in den Städten, auf den Fluren regt,
Unzählig fast, sich ein Geschlecht von Wesen,
Dem unsern ähnlich, aber schöner, grösser
An Wuchs und Antlitz wie an Geisteskraft.
Das ringt, geniesst, das jubelt und verzweifelt;
Das träumt von künftigem Glück und ewigem Ruhm
Das wandelt zuversichtlich auf der Scholle,
Der es entspross, die Nahrung ihm gewährt;
Die seine Hütten und Paläste trägt. . . . .

— — — — — — — — — — — —

Da kommt ein Tag, an welchem blutigrot
Durch fahl Gewölk das Licht vom Himmel bricht,
Und bange Schwüle, herz- und hirnbedrückend,

Herab sich senkt auf alles, was da lebt.
Und nun? — Welch unheilschwangres, dumpfes Rollen
Durchdröhnt die Stille?   Ha, der Boden schwankt,
Die Mauern schüttern, bersten, stürzen ein,
Und Bergeshäupter taumeln in die Thäler.
Wie Schüttelfrost den Fieberkranken packt,
So zuckt durch des Planeten Riesenleib
Der innere Krampf;—jäh spaltet sich der Grund
Zugleich an hundert Orten; brodelnd steigt
Empor der Schwall geschmolzener Gesteine,
Weissglühnder Erze, schwefeldampfumwogt,
In heisser Lohe Feld und Wald und Triften
Begrabend und in Qualm die Meere wandelnd,
Verzehrend Hütten, reiche Königsburgen
Und hoher Tempel stolze Marmorhallen
Samt Kronen, Szeptern, Priestern und Altären.

— — — — — — — — — — — —

Der Denker Schriften und der Künstler Werke,
In Asche löst sie auf dieselbe Stunde,
Und keine Spur von ihrem Dasein bleibt. . . . .
Im weiten Weltraum ungehört verhallt
Der Todesschrei von Milliarden Wesen,
Und — schweigend rollt ein wüster Feuerball
Glutsprühend durch die kalte Himmelsöde,
Bis langsam er erstarrt zur schwarzen Schlacke. —
Drei Jahre später auf der Erde sitzt

Ein Astronom in seiner stillen Warte,
Den Horizont mit mächtigem Rohre musternd.
Da zuckt es wie ein flüchtiger Freudenblitz
Mit einmal auf in seinen ernsten Zügen,
Und lange blickt er, angestrengten Auges,
Auf einen Punkt..... Dann greift er zu dem Stift,
Und ruhig schreibt er dieses Telegramm:
„Entdeckt soeben ward durchs Teleskop
Von mir im Bilde der Andromeda
Ein neuer Stern, mattglänzend, zwölfter Grösse." . . .

Reinhold Fuchs.

Die Brück' am Tay

(28. Dezember 1879)

When shall we three meet again!
Macbeth.

„Wann treffen wir drei wieder zusamm?"
    „Um die siebente Stund' am Brückendamm."
    „Am Mittelpfeiler."
               „Ich lösche die Flamm."
„Ich mit."
      „Ich komme von Norden her.
    „Und ich von Süden."
          „Und ich vom Meer."
„Hei, das giebt einen Ringelreihn,   •
Und die Brücke muss in den Grund hinein."
„Und der Zug, der in die Brücke tritt
Um die siebente Stund'?"
           „Ei, der muss mit."
„Muss mit."
    „Tand, Tand,
Ist das Gebilde von Menschenhand!"

D

Auf der Norderseite das Brückenhaus —
Alle Fenster sehen nach Süden aus,
Und die Brücknersleut', ohne Rast und Ruh
Und in Bangen sehen nach Süden zu,
Sehen und warten, ob nicht ein Licht
Übers Wasser hin — „Ich komme" spricht,
„Ich komme, trotz Nacht und Sturmesflug,
Ich, der Edinburger Zug."

Und der Brückner jetzt: „Ich seh' einen Schein
Am anderen Ufer. Das muss er sein.
Nun Mutter, weg mit dem bangen Traum,
Unser Johnie kommt und will seinen Baum;
Und was noch am Baume von Lichtern ist,
Zünd alles an wie zum heiligen Christ,
Der will heuer zweimal mit uns sein —
Und in elf Minuten ist er herein."

Und es war der Zug. Am Süderturm
Keucht er vorbei jetzt gegen den Sturm,
Und Johnie spricht: „Die Brücke noch!
Aber was thut es, wir zwingen es doch.
Ein fester Kessel, ein doppelter Dampf,
Die bleiben Sieger in solchem Kampf,
Und wies auch rast und ringt und rennt,
Wir kriegen es unter, das Element.

Und unser Stolz ist unsere Brück';
Ich lache, denk' ich an früher zurück,
An all den Jammer und all die Not,
Mit dem elend alten Schifferbot;
Wie manche liebe Christfestnacht
Hab' ich im Fährhaus zugebracht,
Und sah unsrer Fenster lichten Schein
Und zählte, und konnte nicht drüben sein."

Auf der Norderseite, das Brückenhaus —
Alle Fenster sehen nach Süden aus,
Und die Brücknersleut' ohne Rast und Ruh
Und in Bangen sehen nach Süden zu;
Denn wütender wurde der Winde Spiel,
Und jetzt, als ob Feuer vom Himmel fiel,
Erglüht es in niederschiessender Pracht
Überm Wasser unten. . . . . Und wieder ist Nacht.

*

„Wann treffen wir drei wieder zusamm?'
    „Um Mitternacht, am Bergeskamm."
    „Auf dem hohen Moor, am Erlenstamm."
„Ich komme."
                „Ich mit."
                        „Ich nenn' euch die Zahl."

„Und ich die Namen."

„Und ich die Qual."

„Hei!

Wie Splitter brach das Gebälk entzwei."

„Tand, Tand

Ist das Gebilde von Menschenhand!"

Theodor Fontane.

Den Spöttern

Höhnt nicht die tapfren Frauen,
Die sich aus eigner Kraft
Ihr Lebensschifflein bauen,
Weil es kein andrer schafft.

Wie sie gerungen haben,
Euch ist es nicht bewusst,
Es liegt gar viel begraben
In einer solchen Brust.

Der Jugend ganzes Hoffen
Ward still dort eingesargt, —
Doch was sie auch betroffen,
Sie tragens nicht zumarkt.

Auch giebt davon nicht Kunde
Der sturmgeprüfte Leib, —
Nur aus der Augen Grunde
Blickt sehnend noch das Weib!

Gertrud Triepel.

Wer aufwärts will . . . .

Wer aufwärts will, muss Einsicht haben,
Mit Umsicht brauchen seine Gaben,
Sich keiner Ansicht widersetzen,
Die That nach ihrer Aussicht schätzen,
Zu steter Nachsicht sich bequemen
Und täglich so viel Rücksicht nehmen,
Dass er aus Vorsicht ganz und gar
Vergisst, was seine Absicht war.

Ludwig Fulda.

Die jubelnd nie . . . .

Die jubelnd nie den überschäumten Becher
Gehoben in der heilgen Mitternacht,
Und denen nie ein dunkles Mädchenauge
Zur Sünde lockend, sprühend zugelacht —

Die nie den ernsten Tand der Welt vergassen
Und freudig nie dem Strudel sich vertraut —
O sie sind klug, sie bringens weit im Leben . . . .
Ich kann nicht sagen, *wie* mir davor graut!

Otto Erich Hartleben.

Phantasus

I

„ Schlag zu, mein Herz, die Flocken treiben
Nicht wie im Winter mehr ums Dach!
Der Frühling pocht an meine Scheiben,
Und tausend Wunder werden wach!
Das Licht führt seine goldnen Funken
Tagtäglich wieder nun ins Feld,
Und mir im Herzen jubelts trunken:
O Gott, wie schön ist deine Welt.

Wie lieblich nur durchs offne Fenster
Der Maiwind mir die Schläfen kühlt!
Lebt wohl, ihr grübelnden Gespenster,
Die winterlang mein Hirn durchwühlt!
Als wär' ich gestern erst genesen,
Das Herz ist mir so süss erhellt —
So wohl ist mir noch nie gewesen:
O Gott, wie schön ist deine Welt!

Hervor, hervor aus deiner Hülle,
Du liebes Bildchen meiner Fee!

O dieser Locken goldne Fülle!
O dieses Busens weisser Schnee!
Und wölbt sich über deiner Krone
Auch purpurrot ein Throngezelt,
Dein Herz schlägt doch dem Liedersohne —
O Gott, wie schön ist deine Welt!

Doch still, mein Herz, was soll dein Pochen?
O Tod, du kommst zur rechten Zeit!
Das Schwert der Trübsal liegt zerbrochen . . . .
Sei mir gegrüsst, o Ewigkeit!
Beim Frühling hab' ich tausendkehlig
Ein Lerchengrablied mir bestellt:
So sterb' ich jubelnd, sterb' ich selig —
O Gott, wie schön war deine Welt!"

.

II

Und als der Morgen um die Dächer
Sein silbergraues Zwielicht spann,
Da war der arme, bleiche Schächer
Ein stummer und ein stiller Mann.
In seines Mantels grauen Falten,
So lag er da, kalt und entstellt —
Fürwahr, er hatte Recht behalten,
Sein Reich war nicht von dieser Welt!

Ein goldnes Sonnenstäubchen tippte
Ihm auf die Stirn von ungefähr,
Und seine lieben Manuskripte
Verschloss der Armenkommissär.
Sein Freund, der Doctor, aber zierte
Brutal sich durch das Kämmerlein
Und schneuzte sich und constatierte
„Verhungert!" auf dem Totenschein

Drei Frühlingstage später karrten
Ihn Armenklepper vor das Thor!
Ich sahs noch, wie sie ihn verscharrten —
Die Sonne lachte, doch mich fror!
Mich fror, und meine Hände suchten
Umsonst zu würgen meinen Schmerz,
Und meine bleichen Lippen fluchten . . . .
O Gott, mein Herz! mein armes Herz!

So stand ich und vermaledeite
Die Welt bis in ihr Nichts hinab:
Der goldne Frühling aber schneite
Ihm lächelnd Rosen übers Grab.
Schon nahten unsichtbaren Zuges
Die grossen Geister alter Zeit,
Und drüber schwebte leisen Fluges
Der Genius der Unsterblichkeit!

Arno Holz.

Ich weiss — ich weiss . . . .

Ich weiss — ich weiss : Nur wie ein Meteor,
Der flammend kam, jach sich in Nacht verlor,
Werd' ich durch unsre Dichtung streifen !
Die Laute rauscht. Es jauchzt wie Sturmgesang, —
Wie Südwind kost — es gellt wie Trommelklang
Mein Lied und wird in alle Herzen greifen . . . .

Dann bebts jäh aus in schriller Dissonanz . . .
Die Blüten sind verdorrt, versprüht der Glanz —
Es streicht der Abendwind durch die Cypressen . . .
Nur wenge weinen . . . . Sie verstummen bald.
Was ich geträumt : *sie* geben ihm Gestalt —
Ich aber werde bald vergessen . . . .

Hermann Conradi.

Mein Blick, nun weide dich zum letzten Mal . . . .

Mein Blick, nun weide dich zum letzten Mal
An dieses Frühlings satter Blütenfülle !
Voll Inbrunst sauge dieser Sonne Strahl —
Mein Herz, sei stille . . . .

Erschweig bewundernd vor dem Werdedrang !
Was dich erfüllt, den Winden giebs zum Raube ! . . . .
Ob dir der Hoffnung goldnes Sieb zersprang —
Dir blieb der Glaube ! . . . .

O glaube eine winzge Weile nur,
Dass diese Botschaft auch für dich gebracht ward !
Umfass noch einmal trunken die Natur,
Bevor es Nacht ward ! . . . .

Auf meinen Scheitel streut der Frühlingswind
Mattweisse Blüten — eine letzte Krönung — — —
Ich bin so fromm und heiter wie ein Kind . . . .
Und voll Versöhnung . . . .

Hermann Conradi.

Süss duftende Lindenblüte . . . .

Süss duftende Lindenblüte
In quellender Juninacht . . . .
Eine Wonne aus meinem Gemüte
. Ist mir in Sinnen erwacht.

Als klänge vor meinen Ohren
Leise das Lied vom Glück,
Als töne, die lange verloren,
Die Jugend leise zurück . . . .
— — —
Süss duftende Lindenblüte
In quellender Juninacht . . . .
Eine Wonne aus meinem Gemüte
Ist mir zu Schmerzen erwacht !

Otto Erich Hartleben.

Sommerabend

O du lieber, linder Sommerabend,
Bist so süss wie zarte Frauenhuld,
Wenn dein tief geheimer Zauber labend
Mich in wunderholde Träume lullt.
Bin ich singend über Land gezogen
Wohl den ganzen Tag im Sonnenschein
Und nun schreit ich durch den Thoresbogen
In die altersgraue Stadt hinein.

Von den holzgeschnitzten Giebelspitzen
Sich schon längst der letzte Schimmer stahl,
Nur die hohen Kirchenkreuze blitzen
Golden noch im späten Abendstrahl.
Kinder auf den Treppensteinen hocken,
Spielen Haschen oder Blindekuh,
Und dazwischen läuten fromm die Glocken
Von den Türmen Feierabendruh.

Wer sich abgemüht in Tagesschwüle,
Ruht im Schosse seiner Lieben aus;
Herzerquickend duftet ihm die Kühle
Wie ein frischgepflückter Blumenstrauss.

Rollt kein Wagen mehr, es schlägt kein Hammer,
Denn der Werkeltag ist längst verrauscht;
Lämpchen knistert schon in stiller Kammer,
Drin der Nestling Mutters Märchen lauscht.

Immer stiller wird es auf den Gassen,
Immer heimlicher die Dämmrung winkt,
Bis das Giebeldach die silberblassen,
Mondgewebten Flimmerstrahlen trinkt.
Wo in marktumpflanzten Lindenbäumen
Funkenwürmchen hin und wieder fliegt,
Wandeln Liebende in süssen Träumen,
Hand in Hand und Arm in Arm geschmiegt.

Mit den alten, halbverwaschnen Runnen
Und dem steingehaunen Reckenbild
Steht am Rathauseck der Rolandsbrunnen,
Der aus hundert Röhren tönend quillt.
Auf bemoostem Rande sitz' ich nieder,
Und ich schaue in die Flutenpracht,
Und ich lausche auf die Wiegenlieder,
Bis mein Herz zur guten Ruh gebracht.

Und da hör' ich, wie auf leisen Sohlen
Blonde Engel durch die Gassen gehn.
Und ich blinzle ab und zu verstohlen,
Um die blonden Engel auch zu sehn.

Doch das Beste bleibt, das höchst Reelle:
Trink ein Cyankalifläschchen aus;
Spring hinab die Niagarafälle,
Oder stirb als Narr im Irrenhaus!

Deinen Namen nennen ohne Frage
Wird ein jedes Winkelblättchen dann,
Und du bist zum mindsten drei der Tage,
Was du wolltest: ein berühmter Mann. . . . .

Reinhold Fuchs.

Die Grille

Jedermann kennt die Geschichte
Von der Grille, welche sang
Ihre lyrischen Gedichte
Einen ganzen Sommer lang,
Von der Ämse, die der armen
Sängerin die Thüre wies
Und sie kalt und ohn' Erbarmen
Hinterm Zaun verhungern liess.

Wie sie dalag, starr und stille,
Sprach voll Mitgefühl der Rab:
„Arme Grille, lustge Grille,
Sankest allzu früh ins Grab.
Fristen konntest du dein Leben
Noch um einen ganzen Tag,
Hättest klüglich du gegeben
Deine Lieder in Verlag."

Rudolf Baumbach.

Auf dem alten jüdischen Friedhof in Prag

Sinnend stand ich bei dem Grabe
Rabby Löv's des jüdschen Weisen,
Hörte wie im Traum den Führer
Seinen toten Ahnherrn preisen.

Und warum, so frug ich staunend,
All die Juden, gross und kleine,
Auf das Grab mit leisem Murmeln
Werfen bunte Kieselsteine?

Und es wurde mir die Antwort:
„Um zu ehren, ist geboten,
Dass wir Blumen streun Lebendgen,
Steine auf das Grab des Toten."

Von solch heidnischem Gebrauche
Sind wir Christen längst gereinigt,
Wir *bekränzen* stets die Gräber
Jener, welche wir gesteinigt.

Ada Christen.

Zeitbilder

Züchtiger Minne ritterlich Streben,
Ehrbaren Handwerks emsiges Weben,
Fromm in Gedanken, Thaten und Wort:
Das war der Ahnen Losung und Hort.

Lustig gelebt und fröhlich gestorben,
Hurtig verthan und langsam erworben,
Viele geküsst und keine gefreit:
Das ist der Wahlspruch unserer Zeit.

Fröhlich gelebt und ehrlich gestorben,
Leben gespart und geistig erworben,
Eine geküsst und eine gefreit:
Wann wird sie kommen, die goldene Zeit?

Carl Freiherr von Gumppenberg.

Ja, das möcht' ich noch erleben

Eigentlich ist mir alles gleich,
Der eine wird arm, der andre wird reich,
Aber mit Bismarck, — was wird das noch geben?
Das mit Bismarck, das möcht' ich noch erleben.

Eigentlich ist bloss alles so so,
Heute traurig, morgen froh,
Frühling, Sommer, Herbst, und Winter,
Ach, es ist nicht viel dahinter.
Aber mein Enkel, so viel ist richtig,
Wird mit Nächstem vorschulpflichtig,
Und in etwa vierzehn Tagen
Wird er eine Mappe tragen;
Löschblätter will ich ins Heft ihm kleben —
Ja, das möcht' ich noch erleben.

Eigentlich ist es alles nichts,
Heute hälts und morgen brichts,
Hin stirbt alles, ganz geringe
Wird der Wert der irdschen Dinge,

Doch wie tief herabgestimmt
Auch das Wünschen Abschied nimmt,
Immer klingt es noch daneben:
„Ja, das möcht' ich noch erleben."

Theodor Fontane.

Ein Brief kam übers Meer zu mir . . . .

Ein Brief kam übers Meer zu mir,
Ich kannte wohl der Aufschrift Hand:
Viel hundert Briefe hat sie mir
Ein Menschenalter durch gesandt.
Wie froh das Siegel brach ich stets:
Nur immer Liebes stand darin —
Heut' aber starr' ich auf die Schrift
Wie auf das Haupt der Gorgo hin.

Ich weiss, es ist *ihr* letztes Wort,
Kein zweiter Bote folgt ihm nach:
Die Mutter schläft den letzten Schlaf
Schon manche Nacht und manchen Tag.
Vor Wochen kündet' es der Draht
Kurz, kalt und grausam wie ein Stahl —
Und einen lieben Brief von ihr
Ich öffn' ihn heut zum letzten Mal. . . .

Des Vaters Augen schloss sie einst,
Den meine Augen nicht mehr sahn,
Mein Bruder schloss die Augen ihr:
Mich hält im Bann der Ozean.

Im Heimatstädtchen deckt sie längst
Von Eschen überwölbt der Stein;
Den Bruder tröstet Weib und Kind:
Ich bin allein, allein, allein.

Monat' und Tage zählt' ich schon,
Zurück zu kehren heimatwärts,
Und wie vordem so oft, zu ruhn
An meiner treuen Mutter Herz. . . .
Gleichgiltig seh' ich jetzt das Schiff
Nach Deutschland fahren übers Meer —
Ob hier, ob dort, ist einerlei:
Ich habe keine Heimat mehr.

Eduard Grisebach.

Nur drei, vier Sterne . . . .

Nur drei, vier Sterne lugten halb erblichen
Aus weisslich angehauchten Wolkenstrichen.
Das Frühlicht graute nach der schwersten Nacht,
Die wir, mein Weib und ich, in Angst durchwacht.

Die heisse Stirn umkühlt' uns Morgenluft,
Durchs offne Fenster strömte Blütenduft,
Wie Jubel scholl der Drosseln Frühgesang,
Indes der Sohn uns mit dem Tode rang.

War nun der Fieberkrampf zwei voller Wochen,
War seiner Kräfte letzter Rest gebrochen
Und nah sein leckes Boot dem finstren Hafen?
Wir wusstens nicht — doch lag er eingeschlafen.

Vom Bett hinaus gewinkt ins Nebenzimmer
Hatt' uns der Arzt, und weder Hoffnungsschimmer
Noch ernster Meldung nahgerückte Pflicht
Verriet sein eifrig forschend Angesicht.

Wenn jetzt mein Kind, so dacht' ich da, verschiede,
Dann würd' ich lebenslang im Drosselliede

Den leisen Liebesgruss von unsrem Kleinen
Aus Grabesnacht empor zu hören meinen.

Verhalten schluchzend schmiegte meine Frau
Sich an mein Herz. Ihr Blick voll Schmerzenstau
Erhob sich dann nach einer Himmelsstelle,
Wo grau Gewölk durchschien verwaschne Helle.

Obs besser wäre, frug sie mich dann leise,
Wenn wir auch droben nach der alten Weise
In unsrem Glauben einen Helfer hätten,
Der Bitten hört und Macht besitzt zu retten?

Ich sprach: „Geliebtes Weib, wir haben ihn
Und bitten längst für unsren Knaben ihn.
Er hat aus uns, in uns das Kind gewoben,
Und weilt in uns, nicht nur auf Sternen droben.

„Nicht müssig schrein wir nach dem Wunderthäter,
Wir handeln als die Kinder unsrer Väter
Und der Gebete allerbestes richten
An Gott wir mit Erfüllung unsrer Pflichten.

„Die Löwin schirmt so tapfer nicht die Jungen
Als du, mein Weib, mit Heldenkraft gerungen.
Dein Kind zu reissen aus der Krankheit Rachen,
Vermochtest du zwei Wochen durchzuwachen.

„Hat er genug zu langer Lebensfahrt
Von meiner Väter und von deiner Art,
Um wohl zu dienen seinem Gottesteile,
Dann sei getrost, dann wendet sichs zum Heile.

„Doch fiel zu klein ihm aus dies Ahnenerbe,
Dann ist es besser, dass er heute sterbe.
Dann müssen wir mit Schmerzen ihn bestatten
Und weinend dankbar sein, dass wir ihn hatten.“

Geflüstert hatt' ich kaum das letzte Wort,
Da zog wie Rauch das Schleierwölkchen fort.
In reiner Bläue hoch im Osten stand
Der Morgenstern, der Himmelsdiamant.

Ob auch die Drosseln ihn erstaunt geschaut?
Denn ihr Geschmetter, eben noch so laut,
Verstummte plötzlich. Uns zur Seite trat
Der wackre Arzt, der leisen Schritts genaht:

„Ich gab ihn schon am zweiten Tag verloren.
Er wars, obwohl ihm dreifach eingeboren
Die Lebkraft scheint — doch *solche* Mutterpflege
Besiegt den Tod. Er ist auf gutem Wege.“

Wilhelm Jordan.

Venus Mater

Träume, träume, du mein süsses Leben,
Von dem Himmel, der die Blüten bringt;
Blumen winken da, die beben
Von dem Lied, das deine Mutter singt . . . .

Träume, träume, Knospe meiner Sorgen,
Von dem Tage, da die Blume spriesst,
Von dem hellen Blütenmorgen,
Da dein Seelchen sich der Welt erschliesst . . . .

Träume, träume, Blüte meiner Liebe,
Von der stillen, von der heilgen Nacht,
Da die Blume Seiner Liebe
Diese Welt zum Himmel mir gemacht. . . .

Richard Dehmel.

Kindermund

Grossmütterchen spricht: „Das Bübchen ist tot,
Gott nahms aus dem Erdengetümmel,
Es leidet hinieden nicht Jammer und Not
Und spielt nun mit Engeln im Himmel."

Die Kinder sind stumm, bis ein Brüderchen fragt:
„Und konnt weder gehen noch springen?" ...
„Sie nehmens am Händchen," wird ihm gesagt,
„Wenn sie droben hüpfen und singen."

Otto Bruhnsen.

Fitzebutze

Lieber, ssöner Hampelmann :
Deine Detta sieht dich an !
Ich bin dhoss und du bist tlein,
Willst du Fitzebutze sein ?
    Tomm !

Tomm auf Haterns dhossen Tuhl,
Flitziputze, Blitzepul,
Hater sagt : man weiss es nicht,
Wie man deinen Namen spicht.
    Pst !

Pst, sagt Hater, Fitzelpott
War einmal ein lieber Dott,
Der auf einem Tuhle sass
Und sebratne Menssen ass.
    Hu !

Hu, sei dut, ich bin so tlein
Und will immer atig sein ;
Fitzebutze, du bist dhoss,
Tleine Detta spasst sa bos !
    Sa ?

Sa : ich bin dir wirktlich dut :
Willst du einen neuen Hut?
Tlinglingling : wer bingt das Band?
Tönigin aus Mohrenland !
    Tnix !

Tnix : ich bin Fau Tönigin,
Hab zvei Lippen von Zutterrosin !
Fitzebutze, sieh mal an,
Sieh, wie Detta tanzen tann !
    Hops !

Hopsa, hopsla, hopsala :
Tönigin aus Afika !
Flitzefutze, Butzebein,
Wann soll unse Hochzeit sein?
    Du — !

Du ! mein tleiner lieber Dott !
Du? sonst deh ich wieder fot !
Ach, du dummer Hampelmann,
Siehst sa Detta darnicht an ;
    Marsch !

Richard Dehmel.

Modern Love

Die Kirche

Leuchtend aus dem Lindengrün,
Wo die Nachtigallen schlagen,
Wieder seh' ich nun das Kreuz
Meiner alten Kirche ragen;

Und gedenke feuchten Blicks:
Ach, es ist schon lange Jahre,
Dass auch ich, ein gläubig Kind,
Dort gebetet am Altare.

Jeden Sonntag bin ich dort
Meinem Jugendlieb begegnet,
Und der gute Priester hat
Uns zusammen eingesegnet.

Lang' ists her! Ich hab seitdem
Weisheit dieser Welt erworben,
Längst in meinem klugen Kopf
Ist der liebe Gott gestorben.

Wir sind selbst uns Gott genug,
Lassen keinen andren gelten,

Denn wir sind der Geist des Alls,
Denn wir sind das Herz der Welten.

In das enge Haus von Stein
Wird uns keine Predigt locken,
Aber deiner, frommes Lieb,
Denk' ich doch beim Klang der Glocken.

Und mein Blick umfloret sich,
Seh ich, wie in Jugendtagen,
Friedlich aus dem Lindengrün
Unsre alte Kirche ragen.

Eduard Grisebach.

Da einst die Post fuhr . . . .

Manchmal ist es mir, das träge Rollen
Ferner Räder hört' ich in den Feldern;
Und doch ist das Tönen längst verschollen
Tief in den verlornen Heimatwäldern.

Und verschollen ist das Horngeschmetter,
Das im freien Wanderglück die Lieder
Weithin rief in Licht und dunkle Wetter . .
Keiner hebt es aus den Tiefen wieder.

Und es träumt in diesen Einsamkeiten
Wieder ungeweckt das Weltvergessen,
Abseits, in den haidumblühten Weiten
Gehn die Tage leblos, ungemessen. —

Ach, mir ist, als trüg der schwere Wagen
Wieder mich durch Städte, die da schlafen,
Und durch fernes Nachtigallenschlagen
In das Schloss, da wir zuerst uns trafen . .

Und als küssten mich die Tannenzweige,
Die von wildem Harz und Würze tropfen .

Atemlos ständst du am Heckensteige,
Und dein Knabenherz vernähm' ich klopfen.

Und ich spräng' in Jugendhast hernieder —
Hinter uns entglitt der träge Wagen —
Aus dem Schlosshof brach ein Duft von Flieder —
Denn es war in frühen Lenzestagen . . . .

Alberta von Puttkammer.

Nacht

Der Westwind streichelt die Locken
Schauernder Bäume; wie Schnee
Fallen die Blütenflocken . . . .
Klänge der Abendglocken
Zittern über den See.

Oben im Wolkenlosen
Kreiset der Sterne Lauf;
Und unter Küssen und Kosen
Gehen hier unten Rosen,
Rosen und Lieder auf.

Heinrich Leuthold.

Mädchenfrühling

Aprilwind;
Alle Knospen sind
Schon aufgesprossen,
Es spriesst der Grund,
Und *sein* Mund
Bleibt so verschlossen?

Maisonnenregen;
Alle Blumen langen,
Stille aufgegangen,
Dem Licht entgegen,
Dem lieben Licht.
Fühlt, fühlt ers nicht?!

Richard Dehmel.

Erste Blüten, erster Mai

Lange schlug das Herz mir dumpf
  Und in faulen Schlägen,
War ein tangbedeckter Sumpf
  Ohne Wellenregen.

Bunte Blumen blühten rings,
  Und ich ging vorüber;
Wissenschaft, die graue Sphinx,
  Gab mir Nasenstüber.

Wissenschaft, die graue Sphinx,
  Mag der Teufel holen;
Euch, ihr Blüheblumen rings,
  Sei mein Herz befohlen.

Sonnevoll ist mein Gemüt,
  Eine grüne Wiese,
Drauf es singt und springt und blüht
  Wie im Paradiese.

Eine Geige klingt in mir,
  Glockenklar und leise . . . .

„O du allerschönste Zier!..."
Wundersame Weise.

Glück und Glanz und Glorienschein
  Über allem Leben,
Und die ganze Welt ist mein,
  Mir zu Lehn gegeben.

Und mein Herz haucht Liebe aus,
  Alle Not verendet,
Sorge, Sünde, Hass und Graus
  Sind in Glück gewendet.
        •

Dumme, holde Träumerei,
  Immer kehrst du wieder:
Erste Blüten, erster Mai,
  Schwärmerische Lieder.

Otto Julius Bierbaum.

Maientanz

Blütenblätter jagt der Wind
  Von den jungen Zweigen,
Die sich nun im ersten Sturm,
  Frühlingssturme, neigen.

Rosarote Apfelbluht
  Tanzt mit schneeig weissen
Kirschenblüten Ringelreih
  Hell in Wirbelkreisen.

Junge Birken beugen sich
  Jungferngrün im Winde;
Leise wisperts, froh erstaunt,
  In der alten Linde.

Heia, erster Frühlingssturm,
  Blütenblätterfeger.
Sei gegrüsst, Lenzjunker Wind,
  Allerliebster Jäger!

Nicht zum Morde ruft dein Horn,
  Ruft zu Tanz und Leben,

Über deinem Hussahzug
  Schmetterlinge schweben.

Letztes Winterwehtum treibt
  Dein Hallih von hinnen,
Hüte hoch und juhuhu!
  Maitanz soll beginnen!

Wie der Blütenblätterschnee
  Wolln wir Wirbel drehen,
Wies der alte Maienbaum
  Nimmer noch gesehen.

Flöte kichert, Geige singt,
  Und der Bass brummt bieder,
Doch der Lenzwind über uns
  Hat die schönsten Lieder.

Hat die grosse Melodei
  Helle Sturmlustweise,
Nach des Lenzen Pfeife tanzt,
  Tanzt die frohen Kreise!

Otto Julius Bierbaum.

Einen Sommer lang

Zwischen Roggenfeld und Hecken
Führt ein schmaler Gang,
Süsses, seliges Verstecken
Einen Sommer lang.

Wenn wir uns von ferne sehen,
Zögert sie den Schritt,
Rupft ein Hälmchen sich im Gehen,
Nimmt ein Blättchen mit.

Hat mit Ähren sich das Mieder
Unschuldig geschmückt,
Sich den Hut verlegen nieder
In die Stirn gedrückt.

Finster kommt sie langsam näher,
Färbt sich rot wie Mohn,
Doch ich bin ein feiner Späher,
Kenn die Schelmin schon.

Noch ein Blick in Weg und Weite,
Ruhig liegt die Welt,

Und es hat an ihre Seite
Mich der Sturm gesellt.

Zwischen Roggenfeld und Hecken
Führt ein schmaler Gang,
Süsses, seliges Verstecken
Einen Sommer lang.

Detlev von Liliencron.

Festtag!

Heut ist ein Festtag,
Ellen, ein Freudentag!
Weisst du? Den ersten Kuss
Raubt' ich dir heut.

Ach, warst du böse,
Als es — geschehen war;
Riebst dir die Lippen wund,
Weintest beinah!

Sage doch, Ellen:
Hast dich doch kaum gewehrt,
Als ich dein Köpfchen nahm —
Hast mich wohl lieb?

Otto Erich Hartleben.

Versunken

Plätschernd strömt der Regen nieder,
Unterm Schirme wandeln wir —
Du schaust mich an, ich schau wieder
Selig froh ins Auge dir.

Ziehen so auf unsern Wegen.
Still und glücklich, wie bethört,
Merkten nicht, dass schon der Regen
Lange, lange aufgehört.

Paul Voigt.

Mädchenlied

Gestern, Mädchen, ward ich weise,
Gestern ward ich siebzehn Jahr: —
Und dem greulichsten der Greise
Gleich' ich nun — doch nicht aufs Haar!

Gestern kam mir ein Gedanke —
Ein Gedanke? Spott und Hohn!
Kam euch jemals ein Gedanke?
Ein Gefühlchen eher schon!

Selten, dass ein Weib zu denken
Wagt, denn alte Weisheit spricht:
„Folgen soll das Weib, nicht lenken:
Denkt sie, nun dann folgt sie nicht."

Was sie noch sagt, glaubt' ich nimmer;
Wie ein Floh, so springts, so stichts!
„Selten denkt das Frauenzimmer,
Denkt es aber, taugt es nichts!"

Alter hergebrachter Weisheit
Meine schönste Reverenz!

G

Hört jetzt meiner neuen Weisheit
Allerneuste Quintessenz!

Gestern sprachs in mir, wies immer
In mir sprach: nun hört mich an:
„Schöner ist das Frauenzimmer,
Interessanter ist — der Mann!"

Friedrich Nietzsche.

Die müde schon verglühte . . . . .

Die müde schon verglühte,
Die leise schon verklang,
Jach ist sie wieder aufgeflammt
In jauchzendem Gesang!
Wie Cymbelton, wie Lautenschlag
Ward meine Liebe wieder wach,
Die müde schon verglühte,
Die leise schon verklang . . . . .

Und heller tönt ihr Rauschen,
Wie junger Frühlingswind,
Wenn er im heissen Schöpferdrang
Die Welt dem Licht gewinnt!
Und das Profetenwort erlässt,
Dass nun der Menschheit Osterfest —
Ja, heller tönt ihr Rauschen,
Wie junger Frühlingswind!

Und wie durch Nebelschleier
Die Sonne siegreich bricht,
Der jungen Flur ein goldnes Band
Ums Lockenantlitz flicht:

So überglänzt mit Purpurschein
Die Liebe nun mein ganzes Sein,
Giesst goldne Feuer nieder
Und wirbt um neue Lieder . . . . .

Und nah' und ferne quellen
Blitzende Wellen empor
An meinem Lebenshorizont
Aus Dunst und Wolkenflor!
Gedanken, die mir nie genaht,
Und Pfade, die ich nie betrat,
Entsteigen verborgenen Gründen
Heilige Kraft zu entzünden!

Die leise schon verklungen,
Die müde schon verglüht:
Wild ist sie wieder aufgeflammt,
Im Lenzsturm stark erblüht!
Und lag ich wieder staubdeckt,
So hab' ich mich nun aufgereckt,
Und die Gedanken schweifen
Im grossen Weltbegreifen!

Hermann Conradi.

Bitte

Nur: sage „Du" . . . . ich will ja nie,
Nie wieder deine Lippen küssen,
Nun wirs gefühlt, so Knie an Knie
Gefühlt, dass wir uns lieben müssen.

Das Abendrot umfing so brennend
Der Eichen hohe Knospenkette;
Wir aber sahen nur, uns trennend,
Die schwarzen, ragenden Skelette.

Und nickten doch von vielen Bäumen
Schon Blüten unsrer Liebe zu
Und erstes, keusches Grün; so träumen
So nicken Kinder . . . . sage „Du."

Richard Dehmel.

Ein Rauschen nur

Ein Rauschen nur . . . . wir liebten uns schon lang,
Da sankst du in der Sehnsucht Überschwang
An meine Brust; ich wollte küssen dich —
Ein Rauschen ging — da flohen du und ich.

Der Zufall trieb uns auseinander weit,
Wir sahn uns wieder erst nach langer Zeit;
Wollt wieder küssen dich — da sprachst du kalt
Von strenger Sittenreinheit Allgewalt.

O schöne Trügerin! gedenkst du noch
An jene Zeit zurück . . . . ? was war es doch,
Das dir gehemmt das Drängen der Natur?
Wars Sittenreinheit? — Nein! — *ein Rauschen nur. . . .*

Josef Kitir.

Fragment

Wir gehen so stumm nebeinander
Und haben das Herz doch so voll . . . . .
Süss duftet der Oleander
Aus 'deiner Locken Geroll . . . . .

Mit ihren schwellenden Armen
Klammert die Leidenschaft
Sich mir um die Brust . . . . . sie packt mich
Mit wilder, dämonischer Kraft . . . . .

Ich möchte dich an mich reissen,
Dich überströmen mit Glut —
Schwelgen in deinen weissen
Armen und rauschende Flut

Süssbetäubender Minne
Schlürfen aus blitzendem Krug . . . . .
Und mit seligem Sinne
Feiern den süssen Trug . . . . . .

Hermann Conradi.

Feil hat sie Rettig und Rapunzeln

Feil hat sie Rettig und Rapunzeln,
Das alte Weib, ich seh' ihr zu,
Ich sehe unter ihren Runzeln
Die Schönheit, sie war schön wie du.

Die Alte bläst ins Kohlenbecken,
Es sprühn die Funken, und sie lacht:
Die kleinen Flammengeister wecken
Erinnrung mancher Liebesnacht.

Sie seufzt, ihr rotes Aug wird trüber,
Es zittern ihre alten Knie —
O Klara, gehn wir rasch vorüber,
Sonst denk' ich: Du wirst einst wie sie.

Eduard Grisebach.

Lore

Ins Philisterium werd' ich eingeschifft
Als Material für künftige Schwiegerväter,
Und meid' ich nicht die Poesie wie Gift,
So ernt' ich ein Familiengezeter.

O Lore! Kind! — Es rauschen die Pandekten —
Und du in deiner Sophaecke lachst?
O Gott, wenn sie zuhause das entdeckten!
Kind, sei doch ernst! Du weisst nicht, was du machst!

Fühlst du denn nicht den tiefen Ernst der Lage?
Des Lebens Pflichten, Lebens Jus und Muss? —
Dass ich mit frischer Kraft ans Werk mich wage,
Gieb mir — dann aber still! — noch *einen* Kuss.

Otto Erich Hartleben.

Therese hatte Besuch zu empfangen:

Therese hatte Besuch zu empfangen:
Wir blieben allein mit wonnigem Bangen,
Ich war so schüchtern, Elise noch mehr,
Wir sprachen kein Wort, wir atmeten schwer.

Ich rückte zum Fenster zwei Sammetstühle,
Dumpf dröhnte von unten das Strassengewühle,
Ich schlug die schweren Gardinen zurück,
Wir warfen zerstreut in die Ferne den Blick.

Dort lag im reinen Morgenglanz
Der silbernen Alpen jungfräulicher Kranz,
Es webt um die schweigenden schneeigen Firnen
Wie Trauer webt um Menschenstirnen.

Darunter blühend ausgespannt
Als üppiger Teppich das grünende Land,
Zu Füssen uns brauste lustschäumend die Aar,
Wir wurden von alledem nichts gewahr.

Die lachende, trauernde, schöne Welt
Mit Eis und Blumen, mit Wald und Feld,

In deinem Blicke liegt sie ja auch:
Ich küsse die Welt, ich küsse dein Aug!

Ach welch Erröten, Zürnen, Sträuben!
Mein Auge flehte dich, zu bleiben,
Mit bittenden Händen hielt ich dich fest,
Da hast du mich an dein Herz gepresst.

Von deinen Armen mein Haupt umschlossen,
An deinen Busen hingegossen,
Da schwur ich dir zitternd, immer aufs neue
Ewige Liebe, ewige Treue.

Eduard Grisebach.

Jugendliebe

Zuweilen dünkt es mich, als hört'
Ich eures Hofhunds heiseres Gebelle,
Den ich so oft des Nachts aus seinem Schlaf gestört,
Wenn ich durchs tauige Gras zur wohlbekannten
Stelle
Mich schlich, vom süssen Wahn bethört.

Wie trieb im Pappelbaum der Wind sein Spiel,
Dass Blatt um Blatt gespenstisch rauschte,
Wenn ich empor zu deinem Fenster lauschte,
Aus dem das Lispelwort der Liebe fiel!
Wir lachten, seufzten, lachten wieder;
Ein Blumenstrauss, den du am Tag gepflückt,
Ein Handschuh, drauf du einen Kuss gedrückt,
Flog unversehens in den Kies hernieder.
Nach oben schaut' ich unverrückt,
Und doch . . . . ich sah dich nicht, undeutlich nur
Hob sich das weisse Nachtkleid aus dem Dunkeln,
Derweil hoch überm Dach durch der Augustnacht
Funkeln
Ein Wetterleuchten um das andre fuhr, —

Just wie geheimstes Sehnen sich verrät,
Aufblitzt und schweigt und wiederkommt und geht.
Wer bringt uns nun in ferner Einsamkeit
Ein Stündlein nur zurück aus jener schönen Zeit?
Mir ist es just, als seist auch du erwacht,
Und sähst hinab zum Garten in die Nacht.
Der Hofhund bellt. — Warum? Es regt sich nichts —
Nur übers lange Gras im Glanz des Mondenlichts
Schwebt elfenhaft vom Säuselwind getragen
Ein Traum von Lieb und Glück aus halbverschollnen
                              Tagen.

                                        Hans Hopfen.

Weil ich nur lächelnd dich gesehn

Weil ich nur lächelnd dich gesehn —
Glaubst du — ich sehe nie dich weinen?
Für jemand, der dich liebt wie ich —
Kannst du nur sein — kannst du nicht scheinen.
Ich weiss ja, wenn der Abend kommt
Und Ruhe wandert durch die Strassen,
Lehnst du die Stirn ans Fensterkreuz
Und birgst der Mutter dein Erblassen.
Ich weiss, dass, wenn du ganz allein,
Die Schmerzenslinien sich vertiefen —
Mir ist, ich hörte jüngst dich schrein
Vor Seelenqual, als alle schliefen.
O wende dich nicht zürnend ab —
Geh nicht hinweg in Zorn und Spott —
Was kann die Liebe denn dafür,
Dass sie allwissend ist wie Gott?

M. Herbert.

In den Alpen

Ich bin allein . . . . . Die Alpen gähnen
Mich an aus trübem Nebelgrau . . . .
Könnt' ich mein Haupt noch einmal lehnen
An deinen Busen, schöne Frau!

Es braust der Wind, es rauscht die Welle . . . . .
Ich aber hab nicht Rast noch Ruh,
Es sprudelt meines Lebens Quelle
Dem Meere deiner Liebe zu.

Heinrich Leuthold.

Wann, wo und wie?

Wann du kommst an deiner Wünsche Ziel?
Wann und wo und wie? Du fragst gar viel!
Ists denn übers Jahr nicht früh genug?
Sind zwölf Monde doch dahin im Flug!

Wo? — Jenun, wär' ich ein Fels, ein Baum,
Sagt' ich: Hier in diesem selben Raum,
Doch, ich lob mir die Beweglichkeit,
Also: such mich, sind wir erst so weit.

Wie ans Ziel du endlich dann gelangst?
Ei, ists Ernst, dass Auskunft du verlangst?
Nicht durchs Fenster nachts, — am hellen Tag
Durch die Thür. Jetzt richte dich danach.

Freilich, wenn ich alles recht erwäg, —
Sagt' ich: übers Jahr? — die Zeit ist träg.
Kennst den Schlupfweg wohl durchs kleinre Thor?
Frag' im Dämmern doch noch einmal vor.

Robert Waldmüller.

Mein Ideal

Wo ist die Frau, die meine Seele sucht?
Das Herz voll Liebe für die Unterdrückten,
Das Herz voll Mitleid mit den Notgebückten,
Wo ist die Frau, die meine Seele sucht?

Die ihre Schwestern in der Tiefe kennt,
Die das verlorne Volk des Elends schaute,
Der vor dem Jammer dieser Menschen graute,
Die ihre Schwestern in der Tiefe kennt.

Der selbst im Busen edle Schönheit glüht,
Gebildet in des warmen Glückes Milde,
Die tief die Welt sich sehnt zum Ebenbilde,
Der selbst im Busen ewge Schönheit glüht.

Wenn eine wäre so an Liebe reich
Für alle, die den Weg der Leiden wandern,
Sie wollt' ich wählen mir vor allen andern —
Wenn eine wäre so an Liebe reich.

Karl Henckell.

Venus Madonna

Aus Mannesadel wächst des Weibes Tugend;
Er träumt ein Ziel, sie soll es ihm gebären.
Des Griechen Schönheitsinbrunst sah die Sphären
Beherrscht von Aphroditens Reiz und Jugend;

Dem Christen aber ward die Reinheit Wesen,
Selbst noch die Mutter will er sich verklären
Und beugt sich vor Marias Hochaltären,
Die keusch des Sohns, des keuscheren, genesen.

Wann kommt die Zeit, dass Männer freier denken
Und ihre eigne Welt von Gottessöhnen
Hell mit dem Huldbild ihrer Freiheit krönen,

Bis alle allen die Erlösung schenken,
Die wir uns schenkten, meine Magd und Sonne,
Du keusche Venus, reizende Madonne!

Richard Dehmel.

Laub am Boden

Laub am Boden, Laub am Boden
  Gelb und rot und braun,
Dorn und Hagebutt' am Strauche,
  Leere Nester im Zaun!

Sommerende . . . . Spätoktober —
  Und ich glaub' es nun doch,
Dass wir längst Abschied genommen,
  Eh Dezember es noch!

Sturm am Himmel, ... Schneegestöber —
  Frost im Herzen und Hohn!
Wie so schön es einst gewesen,
  O! du bereusts ja schon!

Laub am Boden, Laub am Boden
  Gelb und rot und braun . . . . .
Und der nächste Windstoss kehrt es
  Lachend hinter den Zaun!

Caesar Flaischlen.

Das Mädchen von Rekko

Dort stand die herrliche Gestalt am Strand;
Dem Schleier gleich, der Land und Meer umwob,
War der Bizotto, der sie leicht umwand,
    Ein Duftgewand,
Das kecken Spiels die Tramontana hob.

Hinzog ein Schiff. Ein Jüngling stand am Mast.
Er jubelte und schaute kaum zurück;
Es schien, als fühlt' er sich erleichtert fast
    Von einer Last,
Als dächt' er einzig an ein künftig Glück.

Sie aber wandte hastig sich, sie kam;
Welch schlanker, welch harmonisch schöner Leib!
Auf ihrem Antlitz mischten wundersam
    Sich Zorn und Scham,
Halb war sie Kind noch, halb ein blühend Weib.

Fern trieb sein Schiff. Vor seinem Auge stand
Die reiche Welt, ein täuschend Farbenspiel,

Indes hier eine Perl' aus seiner Hand
    Ihm in den Sand,
Vielleicht die einzge seines Lebens, fiel.

Es dunkelte ; — die Brandung jauchzte wild,
Am fremden Strande schritt ich sinnend hin ;
Mein trotzger Sinn ward weich gestimmt und mild
    Von diesem Bild ;
Mir wars, ich säh mein eigen Leben drin.

Heinrich Leuthold.

Anna

Die Drossel ruft vom Lindenbaum,
Die Sonne steigt herauf mit Lust,
Lass einmal noch mein blasses Haupt
Sich lehnen müd' an deine Brust.

Noch einmal lass mich deine Hand
Inbrünstig küssen heiss und schwer, —
Nicht deinen Mund — nicht deinen Mund!
Ich liesse dich sonst nimmermehr.

Maimorgenwind lacht heimlich leis
Und raunt im grünenden Spalier,
Doch wenn der Abend niederfällt,
Dann bist du, Heinrich, nicht mehr hier!

Nein, nein, dein Mund und Auge lügt:
Es weiss dein Herz so gut wie ich,
Und wenn du einst auch heimwärts kehrst,
Nie wieder schaut mein Auge dich.

Sonst logst du nie, ich weiss es wohl,
Sprachst niemals von dem goldnen Ring,

Du, Heinrich, bist so klug und ich
Ein arm unwissend hässlich Ding.

Ich wusst' es wohl, ich würde nie
Dir dienen treu und still als Frau, —
Denn deine Hand ist weich und zart,
Und meine ganz von Arbeit rauh.

Ich weiss es wohl, wie du dich stolz
Verzehrst nach Ruhm und Sonnenschein, —
Und in der Reichen helles Schloss,
Ich Arme darf nicht mit hinein !

Die Drossel ruft vom Lindenbaum,
Die Sonne kommt herauf mit Lust,
Lass einmal noch mein blasses Haupt
Sich lehnen müd' an deine Brust.

Weh, meinen Busen presst und sprengts,
Ein Feuer lodert schwül und heiss,
Und unter meinem Herzen quillt
Und regt es sich und atmet leis.

Und fällt hernieder jene Nacht,
Und lieg' ich blass und leidenswund,
Dann, Heinrich, bist du fern und küsst, —
Ach küsst wohl einen schönren Mund.

Nun lacht heimlich Maimorgenwind
Und raunt im grünenden Spalier,
Und wenn der Abend niederfällt,
Dann bist du, Heinrich, nicht mehr hier.

Und bist du fern, ich will ja nicht,
Dass Thränen du um mich vergiesst,
Doch denk daran, wie heiss um dich
Aus meinem Aug die Thräne fliesst . . . . .

O denk zuweilen, wie mich Not
Und Unglück packt so rauh und hart,
Vergiss es nicht, dass ich aus Liebe
Zu dir so sehr unglücklich ward.

Und was ich wollte, Lieber du?
Ich wollte nur, sei nicht betrübt,
Du hast nicht Schuld, ich segne dich,
Ich hab dich ja so sehr geliebt!

Ich segne dich für jedes Wort,
Für jeden Kuss von deinem Mund,
Und treff dich nie so harter Schmerz
Und furche deine Seele wund!

Die Sonne steigt, die Sonne glüht . . . .
Still, armes Herz, die Glocke schlägt,

Der Wagen rollt, der Wagen rollt,
Der dich auf ewig von mir trägt.

Noch einmal lass mich deine Hand
Inbrünstig küssen heiss und schwer,
Nicht deinen Mund! Nicht deinen Mund!
Ich liesse sonst dich nimmermehr.

Julius Hart.

Reue

Schwer die Brust von Reu' und Herzeleide,
Zieht ein Knabe durch die grüne Haide.
„Sonne, lichte Sonne," spricht er flehend,
„Alles wissend bist du, alles sehend;
Gieb mir Kunde von der Magd, der blassen,
Die ich einst am Quell im Wald verlassen."
Sonne spricht: „Ich sah auf meinem Gange
Manch verlassnes Weib mit bleicher Wange,
Aber die du liessest grambeladen,
Sah ich nicht von meinen lichten Pfaden."
Als der Mond erscheint zur Abendstunde,
Fragt der Knabe auch den Mond um Kunde:
„Sahst du nicht von deiner Himmelshöhe
Jene Eine, die ich liess im Wehe?"
Spricht der Mond: „Wohl sah ich manches arme
Weib gequält von übergrossem Harme,
Aber jene, die du einst betrogen,
Sah ich nicht von meinem Himmelsbogen."
Leis im Grase flüstern zwei Narzissen:
„Weder Mond noch Sonne kann es wissen,

Wo sein blasses Liebchen ist zu finden,
Doch wir Blumen könntens wohl ihm künden,
Die wir in der Erde uns verbergen,
Bis der Lenz uns weckt aus unsren Särgen."

Rudolf Baumbach.

Neue Bahnen

Nun ists entschieden, und zurückgewonnen
Hast du dich selbst und hast der Lüge Band,
Das fest dein wahrheitstrunknes Herz umsponnen,
Zertrennt, wenn auch gezittert deine Hand.
Mit stolzem Mut willst du dein Schicksal tragen,
Dem Dienst der reinen Menschlichkeit dich weihn
Und willst des Weibes höchstem Glück entsagen —
Hast du die Kraft, dir selber treu zu sein?

Wohl ist ein schönres Sein dir nun beschieden,
Beglückend wallst du durch das Leben hin
Und heilest Wunden, giebst dem Herzen Frieden
Und bist den Armen eine Priesterin.
Wenn aber einst der Wunsch nach einem Kinde
Die Seele dir mit heilger Sehnsuchtspein
Verzehrt, gleich einem flammenträchtgen Winde —
Hast du die Kraft, dir selber treu zu sein?

Und doch — ich weiss, du kannst dir selbst genügen.
Ob auch die Menschen, deren Leid du bannst,
Dich schnöd verkennen und dein Herz betrügen,
Du bist beglückt, wenn du beglücken kannst.

Dein Herz, geschwellt vom Hauch mildthätger Liebe,
Dein hoher Sinn, den nie gelockt der Schein,
Der stets gehasst der Sinne wirre Triebe —
Er *giebt* dir Kraft, dir selber treu zu sein.

So folge deinem Stern auf seinen Wegen,
Der hehr dich lockt, an andrer Glück zu baun !
Der Selbstbeglückung wundersamer Segen
Wird auf dein Walten reich herniedertaun.
Und dann erkennst du, *wie* du hättst gelitten
In einem liebeleeren, toten Sein,
Wenn das verhasste Band du nicht zerschnitten —
Und *hast* die Kraft, dir selber treu zu sein.

Adolf Wilhelm Ernst.

Der Maibaum

Wir liebten uns. Ich sass an deinem Lager
Und sah auf deinen todesmatten Mund.
Dein Auge suchte mich, ein blasser Frager:
Hörst du den Sensenschnitt im Wiesengrund?

Um Pfingsten ists. Die Stadt war ausgeflogen
In hellen Kleidern und im Frühlingshut,
Wir waren um den schönsten Tag betrogen,
O Tag, sei gnädig ihrer Fieberglut!

Zu deinem Haupte bog, zu deinen Füssen
Bog sich ein grünes Birkenbäumchen vor,
Sie sollten dich vom heiligen Leben grüssen,
Ein letzter Gruss dir sein am schwarzen Thor.

Ich hatte gestern sie für dich geschnitten,
An einer Stelle, die dir wohlbekannt,
Zu der wir ausgelassen oft geschritten,
An der wir oft gesessen Hand in Hand.

An jenem Ort steht eine alte Weide,
Vor Neid und Sonne unsre Schützerin,

Da ist es still, und überall die Haide,
Am Ginster zittert die Libelle hin.

Ein Wasser schwatzt sich selig durchs Gelände,
Ein reifer Roggenstrich schliesst ab nach Süd,
Da stützt Natur die Stirne in die Hände
Und ruht sich aus, von ihrer Arbeit müd.

Weisst du den Abend noch, wir sassen lange,
Ein nahendes Gewitter hielt uns fest
An unsrem Weidenbusch, du fragtest bange,
Es klang so zag: Und wenn du mich verlässt?

Sieh zu mir auf, beschirmt von Birkenzweigen,
Ich war dir treu, wir haben uns geglaubt.
Aus Wüsten zieht auf Wolken her das Schweigen,
Die Sense sirrt, und sterbend sinkt dein Haupt.

Detlev von Liliencron.

Wenn sich zwei Liebste raufen . . . .

Wenn sich zwei Liebste raufen,
Ruft nicht die Polizei,
Denn eh sie kommt gelaufen,
Ist aller Zank vorbei.

Und wollet sie nicht scheiden,
Und stürzet nicht ins Haus,
Sonst werfen euch die beiden
Versöhnt zur Thür hinaus.

Robert Hamerling.

Kein Mäschchen . . . .

Kein Mäschchen darf gesponnen sein
Im Liebesnetz vom Faden Pflicht:
Die Liebe will gewonnen sein,
Geschuldet ists die rechte nicht.

Wilhelm Jordan.

Beruf und Pflichten . . . .

Beruf und Pflichten
  Erwäge bedächtig.
Die Lieb' ist mit nichten
  Zum Glück allmächtig.

Wilhelm Jordan.

Mutter und Kind

Zu ihrem Kind, zur jungen Gattin, spricht
Die Mutter: „Kind, blick mir ins Angesicht;
Kind, sag — um meiner Ruhe willen sag —
Ist glücklich deines jungen Lebens Tag?
Ich weiss, du hast es anders einst gewollt,
Als gut dir war, als wahrlich du gesollt;
Ich weiss, dein Herz besass zu jener Frist
Derselbe nicht, der jetzt dein Gatte ist;
Doch sag mir — oft mahnt es mich schwer —
Du hast nach jenem keinerlei Begehr?
Du liebst den Mann, den ich für dich erwählt —?
S' giebt keine Sehnsucht, keine, die dich quält —?
Du dankst es mir, dass ich zerriss den Bund,
Der deinem Glücke nur im Wege stund —?"

Ihr Kind, die junge Gattin, wendet voll
Zu ihr das Aug' und spricht ganz ohne Groll:
„Lass, Mutter, deine Frag'; es ist noch Zeit —
Vor Gott bin ich zur Antwort dir bereit."

Hermann Hango.

Idyll

Ein breites Bett an nackter Wand,
Ein Tisch, ein Schrank, zwei Stühle;
Und seidnes Flickwerk, Lappen und Tand
Auf Fenstersims und Diele.

Gebeugt über Schere und Nadelzeug
Mit sinkenden müden Wimpern,
So lässt sie ruhlos, fröstelnd, bleich,
Die Nähmaschine klimpern.

Da tritt er ein. Das Antlitz fahl,
Von Arbeit aufgerieben:
Er zahlt mit Not, mit Blut und Qual
Für nacktes Leben und Lieben.

Sie springt empor und sieht ihn an,
Halb Wonne, halb Erschrecken;
Was sie doch nimmer verbergen kann,
Will sie ihm flüsternd entdecken.

„Ich werde Mutter" .... und atemlos
Horcht sie: was mag er sagen?

Wird ihm die Bürde allzu gross,
Wird er es, kann er es tragen?

Da fasst er sie an . . . . sie fühlt seinen Kuss
Auf fröstelnde Lippen beben,
Als segnete ein verzweifelter Gruss
Ein keimendes Menschenleben.

Johannes Öhquist.

Ein Erinnern

In meinen Wimpern standen Thränen,
Als ich heut morgen bin erwacht,
Und ein unendlich schweres Sehnen
Hat mir der lange Tag gebracht.
Ich hörte deine Stimme wieder,
Auf meiner Stirn lag deine Hand,
Und Leid und Kummer sanken nieder,
Als deiner Worte Trost ich fand:

Kann jede Stunde Ernte bringen?
Geh' in den Wald, nimm Männe mit,
Nie soll die Not uns ganz bezwingen,
Mut! Frisch ins Feld mit raschem Schritt!
Indessen stehe ich am Herde
Und passe auf dein Leibgericht,
Und denk' an mich, dass stille werde
Dein Gram, wenn deine Liebe spricht.

Und ich ging fort auf meine Haide,
Brach einen Zweig vom Weissdorn ab,
Mein Hund bringt auf der magern Weide
Zwei Kätnerschafe auf den Trab.

Hierher, wirst du! das ist verboten,
Wart, Schlingel, kommst du gleich hierher!
Und schon mit seinen krummen Pfoten
Wühlt emsig er den Sandberg leer.

Die Wasserlilie glüht im Graben,
Die Sonne zögert aus der Welt,
Dicht über mir zieht ein Volk Raben,
So dicht, dass mirs ins Auge fällt,
Wie letzter Abend ihre Flügel
Von unten schillernd überglänzt;
Ein Wolkenrot brennt um den Hügel
Und hält mit Rosen ihn umkränzt.

Und eine Ruhe kommt gezogen,
Mein Herz schlägt seinen alten Schlag,
Die Unglücksvögel sind verflogen,
Mir ahnt ein neuer Thatentag.
Da bück' ich mich, und pflück' im Schreiten
Aus Feld und Knick mir einen Strauss
Und trag ihn, voll von Seligkeiten,
Der Liebsten heissen Danks ins Haus.

Detlev von Liliencron.

Mein Sterben

Ich weiss, wie meine letzte Nacht verblaut.
Im Frühling wird es sein zur Vollmondszeit,
Wenn alle Wälder hochzeitsjubellaut.

Ich sehe mich. Mein weisses Pilgerkleid
Umschliesst zum letzten Mal die müde Hülle,
Die Locken rieseln nieder haftbefreit,
Und schmeicheln mir in ihrer dunklen Fülle.

Auf sammtnem Sessel ruh' ich hingesunken,
Die küssefrohen Lippen glutenmatt,
Die Augen wimpernträg und traumestrunken,
Das hungergierige Herz gespeist und satt.

Ich weiss, wie meine letzte Nacht verblaut.
In hoher Kammer sitzt ein junger Dichter,
Der träumend in die Vollmondswellen schaut,
Und mit der Seele trinkt die weissen Lichter.

Er sucht ein Wort, den saitenweichen Reim
Auf einen Namen . . . . Plötzlich lächelt er,
Und meine Seele flattert freudig heim.

— — — — — — — — — —

Ich weiss, wie meine letzte Nacht verblaut.

Maria Janitschek.

Letzter Wunsch

Dass deine Hand auf meiner Stirne liegt,
Wenn mich das Sterben in der Wiege wiegt,
Die leis hinüber ins Vergessen schaukelt,
Von schwarzen Schmetterlingen schwer umgaukelt,
Ein letzter Blick in deine braunen Sonnen:
Vorüber strömen alle unsre Wonnen
In einer bittersüssen Letztsekunde;
Ein letzter Kuss von deinem warmen Munde,
Ein letztes Wort von dir, so liebeweich:
Dann hab' ich, eh' ich tot, das Himmelreich,
Und tauche selig in den grossen Frieden:
Der Erde holdestes war mir beschieden.

Otto Julius Bierbaum.

Die letzte Frage

Im Sterben liegt sie — auf den fahlen Lippen,
Die kaum gelernt, am Freudenkelch zu nippen,
Ein sanftes Lächeln, draus der Friede spricht.
Es schimmert feucht in ihren Augensternen
Verklärter Abglanz aus geweihten Fernen,
Des Todes Hauch vergeistigt ihr Gesicht.

Sie schaut mich an, den letzten Lebensfunken
Bewusst vergeudend, heiss und wonnetrunken,
Wie sie's im kurzen Rausch des Glücks gethan.
Ich neige mich, tief traurig, ohne Klage,
Da plötzlich schauert mir ins Ohr die Frage:
„Ist nicht das Leben nach dem Tod ein Wahn?!"

Ich fahr' empor, die Seele schmerzzerrissen,
Da richtet sie sich auf in ihren Kissen:
„Die Wahrheit sprich: Giebt es ein Wiedersehn?"
Sie rüttelt mich mit krampfgeschlossnen Händen,
„Du sollst dich nicht durch eine Lüge schänden . . . .
Sprichs freudig aus — und freudig will ich gehn!"

Weh! mit mir selber ring' ich nun vergebens . . . . .
„Ich glaube an den Tod des Einzellebens,
Doch webt sein Wesen stets im Ganzen fort." —
Sie sinkt zurück — ein Lächeln auf den Lippen,
Die kaum gelernt, am Freudenkelch zu nippen,
Und ein vom Tod gebanntes Segenswort.

Hermann Friedrichs.

Modern Thought

Zeitgedanken

Maschinenlärm . . . . einförmig dumpfes Dröhnen,
Dabei die Habgier träumt, die dunkle Pein,
. Das Ohr geneigt dem immer einen Tönen:
Gold — und die grosse, weite Welt ist mein!
Die Räder rollen und die Essen lohen,
Vertausendfacht regt sich die Menschenkraft,
Und die da beten, beten zu der hohen,
    Der allgewaltgen Wissenschaft.

Sie hat dem Himmel seinen Gott entrungen
Und jene dunklen Räume kühn erhellt,
Hat triumfierend seinen Thron erschwungen,
Mit ihren Wundern überhäuft die Welt.
Doch wie, den heissen Fieberdurst zu stillen,
Sie voller strömt die reiche Gnadenflut,
Tost neuer Kampf, und neue Thränen quillen
    Und höher lodert neue Glut.

Denn wie ein Feenreich in grauen Weiten
Schaun trunken sie ein höchstes Erdenglück;

Das wolkenlose mutig zu erstreiten,
Hält keine Macht die Rasenden zurück
Allein es ist Morganas schöne Lüge,
Umsonst die Jagd, umsonst die wilde Glut . . . .
Sieh, wie im Schoss der Einfalt und Genüge
   Das Heissbegehrte lächelnd ruht!

J. G. Oswald.

Beherzigung

Nur wirken und nicht denken:
Fort alles, was uns quält!
Musst selbst den Wert dir schenken,
Den dir das All verhehlt —
Im Kampfe wacker liegen,
Nicht hinterm Ofen faul!
Gebratne Tauben fliegen
Dem Troddel nur ins Maul.

Lass Träumern und Schlaraffen
Den Philosophendunst —
Selbst eine Welt zu schaffen,
Das ist die echte Kunst!
Wir brauchen keinen Retter,
Der unsre Ketten bricht:
Sind wir erst selber Götter,
Brauchen den Gott wir nicht!

Und drangen wir als Meister
In feurigem Bemühn

K

Zum schaffenden Geist der Geister
Empor gigantenkühn,
Dann grüsst er seine Riesen
Mit doppelter Lieb und Lust,
Weil er den Weg nicht gewiesen:
Weil wir ihn *selbst* gewusst!

Hanns von Gumppenberg.

Die Jünger der Zeit

Was steht ihr staunend und verwundert,
Dass auch den schönheitsfrohen Geist
Das vielgeschäftige Jahrhundert
In seine Taumelbahnen reisst?
Ob wir die Eisenrosse zügeln,
Den Funken im Metall beflügeln,
Ob rüstig schaffend unsre Hand
Als Brücke zwischen Nationen,
Ob sie sich nah, ob ferne wohnen,
Das Netz des Handels webt und spannt —
Ob wir mit Meissel oder Feder
Die Arbeit thun — es schafft ein jeder
Das was er soll, das was er kann!
In jedem lebt ein hohes Streben:
Dem Geist der Zeit sich hinzugeben
Mit ganzer Kraft, ein ganzer Mann!
Uns ruft die Zeit mit ernstem Munde:
Den Kampf des Lebens meidet nicht!
Gebietrisch mahnt uns jede Stunde
Ans heilige Gebot der *Pflicht*.

Zertrümmert ruhn die Götterbilder;
Der Glaube starb, ein neuer wilder
Gesang umbraust das Ohr der Zeit:
Nicht frommes Ahnen, gläubges Wähnen,
Nicht Mönchsgebet und Martyrthränen,
Die Arbeit ists, die euch befreit!
Die Menschheit ringt mit tausend Qualen;
Sie lechzt, bedeckt mit Wundenmalen,
Nach Lösung aus der langen Haft.
Nennt ihr ein Jammerthal die Erde,
So sorget, *dass es besser werde*
Durch eurer eignen Hände Kraft!
Die Zeit ist hin, da auf die Erde
Aus heitren Höhn der Dichter sah;
Jetzt trägt auch er des Kampfs Beschwerde
Im grossen Welt-Olympia.
Wohl webt in seinen Zaubertönen
Noch jetzt das Reich des Ewig-Schönen,
Doch in den Wolken wohnt es nicht;
Der Zeit Akkorde festzuhalten,
Und, was er hörte, zu gestalten,
Und auf dem Pfad zum ewgen Licht
Der Völker Seelen hinzuleiten,
Erregt er jetzt den Sturm der Saiten
Und was er singt, er hats *gelebt.*
Er stritt ihn mit, den Streit der Helden;

Drum darf er auch den Brüdern melden,
Was über Streit und Leid *erhebt.*
So werfen wir mit starken Armen
Uns in den Strudel kühn hinein.
Uns treibt die Pflicht und das Erbarmen,
Und jeder Mann soll Kämpfer sein.
Wohl mag es tausend Jahre dauern,
Bis auf den umgestürzten Mauern
Der Selbstsucht und der Heuchelei
Die neuen Tempel sich erheben,
Umfassend alles Menschenleben;
Drum strömt zum Kampfe all herbei:
Ist jedes Herz auch nur ein Funken,
Und jeder Geist, von Hoffnung trunken,
Ein Tropfen nur im Ozean —
Doch geht der hohe Ruf an alle:
Treu kämpfe, siege oder falle
Auf ewgem zugekehrter Bahn!

Wilhelm Gittermann.

Dann . . . . .

Wenn aus der langen, finstren Glaubensnacht
Mit ihren fürchterlichen Schreckensthaten
Die Menschheit endlich zur Vernunft erwacht
Empfänglich für des freien Geistes Saaten;

Wenn die Erkenntnis jedes Herz durchglüht,
Dass nicht aus eines Himmels Truggestalten,
Nicht aus der Lüge Samen Glück erblüht,
Aus Händeregen — nicht aus Händefalten;

Wenn niemand mehr nach einem Jenseits spannt,
Im Wahne, dort die Sorgen zu verwinden;
Wenn jeder frohen Mutes sich ermannt,
Im Dienst des Ganzen sich zurecht zu finden;

Dann wird im Kreis von Werden und Vergehn
Nicht einer mehr die höchste Pflicht versäumen,
Dann wird die Menschheit auf der Höhe stehn,
Von der die besten ihrer Geister träumen.

Hermann Friedrichs.

Religion der Liebe

Schaffe, gewaltige Liebe,
Söhne und Töchter
Als Väter und Mütter
Der edleren Menschheit,
Als Ahnen der Kinder
Fürs neue Walhalla!

Durch die Liebe,
Die Menschen zeugt,
Befreit sich die Menschheit.
Diese Lehre
Wird deine Lehre
Zertrümmern, Nazarener!

Das neue Jerusalem
Kommt nicht vom Himmel;
Es wird gebaut
Aus ungezählten Leibern
Gewaltiger Menschen,
Mit Schweiss verkittet,
Und darin soll wohnen
Der Liebe Geschlecht.

Noch Jahrtausende vielleicht
Wird der Kampf der Gedanken brennen,
Eh dass ein Walhalla steigt,
Das noch kann kein Mensch erkennen,
Eh der Geist sich ausgesöhnt
Mit dem Leibe, mit der Erde
Und in reiner Wahrheit tönt:
Frieden, Frieden auf der Erde!

Johannes Grosse.

Ewige Wahrheit

Vor Zeiten — es ist lange her,
Hiess blau das Blut und rot das Meer
Und schwarz der Schnee und weiss das Gras;
Doch mit der Zeit verlor sich das:
Das Blut hiess weiss und rot der Schnee
Und blau das Gras und schwarz die See,
Und heute sagen wir wohlgemut:
Blau ist das Meer und rot das Blut;
Doch regelmässig steinigte man
Den Kerl, der die neue Auffassung begann.
Ich kanns mir heute nicht versagen,
Ich will mein Leben auch mal wagen;
Ich sags euch Leuten ins Gesicht:
Die Wahrheit wisst ihr alle nicht.
Das Meer ist weiss, der Schnee ist blau
Und grün das Blut und rot die Au,
Und wird Jan Hagel dasselbe meinen,
Thäts wieder not, es zu verneinen,
Und euer *sacrum palladium*
Kreist wie ein Wetterhahn ewig um.

Arthur Filger.

Kampf heisst das Weltgesetz

Kampf heisst das Weltgesetz. Aus ihren Bahnen
Einander zerren wollen selbst die Sterne;
Denn jeder wirkt in unermessne Ferne,
Und seine Zugkraft wirbt um Unterthanen.

Die Pflanze kämpft. Sie will die ganze Erde
Erobernd überziehn mit ihren Kindern;
Doch jede wills und jede hilff verhindern,
Dass alles Land zur öden Haide werde.

Der Hirsch beweist in tötlichem Gefecht,
Dass er der Stärkste sei; dann darf er werben.
Des Schwächlings Bildung soll sich nicht vererben,
Und schöne Stärke nur ist Daseinsrecht.

Es kämpft was lebt, denn Kraft ist Kampfesfrucht;
Durch Kampf betreibt Natur das Werk der Zucht.

Wilhelm Jordan.

Bist du vielleicht . . . .

Bist du vielleicht, mein Vers, zum Niedertauchen
In dunkle Tiefen als ein Lot zu brauchen,
Das aus der Nacht vom Urgrund aller Dinge
Herauf ans Licht ein haftend Körnlein bringe?

Ein Sandkorn schon verrät ja, recht beschaut,
Welch Felsgebirg' es weiland mit erbaut,
Und Ahnung sieht erneut gen Himmel ragen,
Was Luft gemürbt und Flut zu Malm zerschlagen.

Zertrümmert scheint, zermalmt zu losem Staube
Des Menschenglückes Grundbaufels, der Glaube.
Der scharfe Blick der Forschung der Natur
Bekennt sich blind für eine Gottesspur.

Doch ob auch *sie* von Kräften nur und Stoffen
Zu reden weiss, — ein Sehnen und ein Hoffen
In unsrer Brust wird ewig mehr verlangen
Und giebt sich nie an ihren Spruch gefangen.

Wer hat nun recht? Die strenge Richterin,
Oder in uns die Gottesdichterin?
Erschlossen denn schon Wage und Retorte
In Psyches Heiligtum die letzte Pforte?

Ist das den Sinnen Unerlängliche
Nicht doch in uns das Unvergängliche?
Zu schauen drum versuche du, mein Lied,
Was Lupe nicht noch Himmelsfernrohr sieht.

Wo Finsternis am äussersten Gestade
Dem Forscher sagt: hier enden deine Pfade,
Will ich getrost versuchen, ob die Schwinge
Der Phantasie nicht dennoch weiter dringe.

Auch dort noch, wo vor hoffnungsloser Schranke
Sich schwindlig fühlt und umkehrt der Gedanke,
Ruft laut der Wunsch des Herzens: weiter, weiter!
Und zimmert sich im Traum die Himmelsleiter.

Und wenn auch ihm die Welt da draussen stumm
        bleibt,
Die Antwort schuldig auf ihr letzt Warum bleibt, —
Vielleicht wird drinnen ihm die rechte Spur hell,
Und zeigt ihn selbst als Tropfen aus dem Urquell.

Dann horcht er auf: nicht mehr nur stumme Fehde
Ist die Natur; nun hat sie plötzlich Rede:
„Umsonst nach Frieden lechzt in mir der Wille:
In deiner Andacht gieb ihm Gottesstille."

Wilhelm Jordan.

Monismus

Von Stern zu Stern auf goldnen Brücken
Schwebt durch das All der Weltengeist
Und um das All im All zu schmücken,
Er flammend um sich selber kreist.

Von Ewigkeit hat er gewaltet,
Doch ewig neu sind Kraft und Glanz;
Denn was er schafft, das nie veraltet,
Es schwingt sich fort im Zirkeltanz.

Nach festen, ewigen Gesetzen
Hat er vollführt der Schöpfung Plan,
Er selber kann sie nicht verletzen
Auf seiner grossen Wandelbahn.

Was er zertrümmert, baut er wieder,
Nichts hemmt den wundervollen Lauf;
Denn was da lebt, das sinket nieder,
Doch was da sank, blüht wieder auf.

Kein Wesen geht im All verloren:
Was war und ist, lebt allezeit;
Verwandelt wird es, neu geboren,
Und werden wirds in Ewigkeit.

Wilhelm E. Backhaus.

Wer?

Wer bist du,
Der den Schwalbenflug durch die Lüfte leitet,
Der im Wolkenzug, der im Winde schreitet?
Der im Meere schwillt, im Blitze sprüht,
Der im Keime quillt, in der Sonne glüht —
   Wer bist du?

Wer bist du,
Der zusammenbewegt die toten Atome,
Der sie geregt zu lebendigem Strome?
Der das Wundernetz des Lebens spann
Und ihm Gesetz und Ordnung ersann —
   Wer bist du?

Was bist du,
Der dennoch die Welt seiner Kunsterkenntnis
Mit Mängeln entstellt, dass kein Verständnis
Die Triebkraft fasst, die ungezähmt
In wilder Hast sich wechselnd lähmt —
   Was bist du?

Wer bist du,
Der das Menschengemüt vom Staub gehoben,
Mit Liebe durchglüht, in Sehnsucht gewoben?
Der ihm mit Licht die Stirn erhellt
Und ihm die Pflicht zum Halt bestellt
Wer bist du?

Wer bist du?
Der Leiden ohne Zahl ihr Wirken gestattet,
Mit Jammer und Qual das Leben umschattet?
Der zum Gebot den Mord verkehrt,
Dass sich vom Tod das Leben nährt —
Was bist du?

Ewige Macht,
Du wechselnde Flut, nach unsrem Benennen
Grausam und gut — wer will dich erkennen?
Ob sie Natur dich heissen, ob Gott,
Ein Bekennen ists nur, ein Wort, ein Spott
Unserer Blindheit.

Wilhelm Jensen.

L

Richard Wagner

I

An Richard Wagner

Der du an jeder Fessel krankst,
Friedloser, unbefreiter Geist,
Siegreicher stets und doch gebundener,
Verekelt mehr und mehr, zerschundener,
Bis du aus jedem Balsam Gift dir trankst —,
Weh! dass auch du am Kreuze niedersankst,
Auch du! Auch du — ein Überwundener!

Vor diesem Schauspiel steh' ich lang,
Gefängnis atmend, Gram und Groll und Gruft,
Dazwischen Weihrauchwolken, Kirchenduft,
Mir fremd, mir schauerlich und bang.
Die Narrenkappe werf' ich tanzend in die Luft,
Denn ich entsprang.

II

Parsifal

— Ist das noch deutsch? —
Aus deutschem Herzen kam dies schwüle Kreischen?

Und deutschen Leibs ist dies Sich-selbst-Entfleischen?
Deutsch ist dies Priester-Händespreizen,
Dies weihrauchdüftelnde Sinnereizen?
Und deutsch dies Stocken, Stürzen, Taumeln,
Dies ungewisse Bimbambaumeln?
Dies Nonnenäugeln, Aveglockenbimmeln?
Dies ganze falsch verzückte Himmelüberhimmeln?
— Ist das noch deutsch? —
Erwägt! Noch steht ihr an der Pforte: —
Denn, was ihr hört, ist *Rom, — Roms Glaube ohne
Worte!*

Friedrich Nietzsche.

Glauben und Wissen

Weil unerquicklich-leer das kurze Leben,
Hat sich dem Wahn die Menschheit hingegeben
Es winke ewger Lohn im Himmel dort
Den Frommen, die der irdschen Qual entrinnen.
    „Und zöge man vor uns den Schleier fort —
    Wir würden an Gewissheit nichts gewinnen."

Die Priester sagtens, und die Zeiten flohn,
Der alte Glaube stieg herab vom Thron;
Die Philosophen kündeten das Wort:
„Zu *ewgem* Tode gehen wir von hinnen —
    Und zöge man vor uns den Schleier fort —
    Wir würden an Gewissheit nichts gewinnen."

Arthur Pfungst.

Im Himmel

„Dein Himmel ist ein blauer Irrtum bloss,
Ein Ungeheuer, schwarz, erbarmungslos,
Der Welten Raum, wo Urgewalten tollen,
Durch Todesfrost die Feuerkugeln rollen.

Es wird der Stern des Sternes Flammenraub
Aufsprühend fliegt der Meteore Staub,
In Nebel muss die Sonne dort zerstieben —
Und wo bist du mit deinem Traum geblieben!

Es zwingt Gesetz die Nadeln zum Kristall,
Es zwingt Gesetz die Sonnenheer' im All,
Die ewig jung dem Sonnensturz entglühen,
Wie Blumen jung aus Blumenmoder blühen.

Und spielend so in seinem ewgen Sein
Mischt diesen Staub zu immer neuem Schein
Ein dunkler Wille, ein verhüllter Sinn —"
So bin ich ja im Himmel mitten drin!

Franz Herold.

Erschlafft im Schlafe kindischen Glaubens . . .

Erschlafft im Schlafe kindischen Glaubens, hast
Du lang genug jetzt, duldendes Volk, geruht.
Ermanne dich — und deiner Ketten
Rostige Reife, sie *müssen* brechen!

Nicht länger betend winselt in leere Luft,
Auf dieser Erde wirkt und erschafft das Heil!
Verlacht der Pfaffen schnöde Lüge,
Die da vertröstet aufs bessere Jenseits!

Fort mit dem Trugbild ewiger Seligkeit,
Das aus dem Leben, drin es zu leben galt,
Euch thatenlose, freudelose,
Lockt in die schweigende Nacht des Todes!

Otto Erich Hartleben.

Das jüngste Gericht

Hoch in Wolken wohnt das Gericht,
Laute Trompeten schmettern,
Und die Toten steigen ans Licht
Aus den Gräbern und Brettern.

Ehern fällt der erhabene Spruch
Unter Donnerschlägen,
Alle Sündigen trifft der Fluch,
Alle Guten der Segen.

Furchtbar stürzt der Verdammten Chor,
Rächende Teufel im Rücken,
Und die Beglückten steigen empor,
Freude ganz und Entzücken.

Gläubig seh' ich das Glück, die Pein,
Kann nur *den* Zweifel nicht meiden:
Können die Seligen selig sein,
Wenn die drüben so leiden?

Friedrich Adler.

Zweifel

Und sollte dennoch einst ergehen
Streng über uns ein Weltgericht,
Und müssten schauernd wir gestehen:
Es *ist* ein Gott; wir glaubtens nicht —

Und früg der Herr in heilgem Grimme,
Von Donner hehr umtönt das Haupt,
Des Todes Schrecken in der Stimme:
Was hast du nicht an mich geglaubt? —

Dann riefe ich, ob auch ein Grauen
Die tiefste Seele mir bewegt:
Du hast zum kindlichen Vertrauen
Den Zweifel mir ins Herz gelegt.

Ich sucht' ihn nicht. Mein erstes Denken
War rein, verklärt von Gotteslieb.
Warum darein den Zweifel senken,
Den Tod für jeden frommen Trieb?

Wohl fühl' ich stets, was ich verloren,
Was ich verlor an deiner Huld.
Vernichte mich ! Mit mir geboren,
Wars mein Geschick, — nicht meine Schuld.

X. X.

Mahnende Stimmen

Rufts dich um die Mitte tiefer Nacht
Oftmals nicht vom leisen Schlaf empor?
Bald ein Ton, der grell im Schmerze lacht,
Weinend bald wie ferner Büsserchor?
Wie Dämonenlust, wie Märzensturm,
Wie zerrissner Glockenklang vom Turm
Und dann grässlich wie der Höllenhund,
Wimmerts aus der Erde letztem Grund . . . . .
Manchmal wie absondres Weinen klingts,
Wie ein Kind auf irren Wegen klagt;
Und dann wieder fern aus Höhen singts,
Wie aus Morgenwolken, eh' es tagt . . . .
Und dann brausts, wie stolzer Ströme Gang,
Der vom Tauschnee murrend wächst und schwillt,
Und vertönt dann wieder zart und bang,
Wie das Harzgetropf aus Stämmen quillt . . . . .
Plötzlich auch durchbrichts die Mitternacht
Wie ein selger Schrei aus Wonnequal,
Wie ein Frühgestorbner wohl gelacht
Einst, zum letzten und zum hellsten Mal.

Das sind Stimmen schöner Leidenschaft,
Die nicht schlafen, die nicht schlafen kann —
Geister aller unerweckten Kraft,
Aller Sehnsucht, die da ringt im Bann.
Das ist klagende Begeisterung,
Die gebrochen ward in ihrem Schwung.
Das ist Liebe, die du nie gesagt,
Traum von Küssen, die du nie geküsst,
Das ist Sehnsucht, die du nie geklagt,
Scheues, zartes Seligkeitsgelüst . . . . .
Das sind Thaten, die du nur gewollt,
Überkühner Mut, der schnell versaust,
Freiheitsdrängen, das den Ketten grollt,
Streben, das im Werdedrang verbraust . . . .
Alles was Gedanke blieb und Traum,
Und was nie geboren ward zur That,
Was nun fragend irrt im Weltenraum,
Und zum Leben Brücke sucht und Pfad.

— — — — — —

Ward es wohl im grossen Sphärensang,
Der da mitternachts durch Sterne kreist,
Götterweckruf, der uns reuebang
Hin zu einst versäumten Thaten reisst?

— — — — — — — — —

Draussen quillt aus gütgen Himmeln Tau,
Und der Wind streift keimendes Geländ —

Und, von allen Höhen nächteblau,
Ists, als ob ein Jaspislicht entbrennt . . . . .

— — — — — — — — — —

Alles Leben ist vom Schlaf gesäumt,
Und nur kurze Tage bist du wach; —
Merk, dass deine Seel' es nicht verträumt,
Wenn der Morgen rührt an dein Gemach! —

Alberta von Puttkammer.

Nach dem Regen

Regen hing an Blättern noch und Garben,
Als die Sonne stand in Mittagshöhn.
„Perlen, die ihr spielt in allen Farben,‟
Frug ich, „warum funkelt ihr so schön?‟

„Weil wir holden Blumen zugeflogen,‟
Sprachen einge, „nicht dem trüben Kot.‟
„Weil wir gestern noch dahingezogen,‟
Riefen andre stolz, „als Abendrot.‟

„Weil der Iris wir zu nahe kamen,‟
Klang es leis am fernen Horizont,
Und zu Füssen mir: „Ich war der Rahmen,
Den du Hof nennst, um den Silbermond.‟

Eine glänzte matt, schon fast verglommen,
Eine glänzte hell, noch im Entstehn;
Diese sprach: „Weil wir vom Himmel kommen,‟
Jene sprach: „Weil wir zum Himmel gehn.‟

Rudolf Knussert.

Spruchartiges

I

Der Einsiedler spricht

Gedanken *haben?* Gut! sie haben mich zum Herrn.
Doch sich Gedanken *machen,* — das verlernt' ich gern!
Wer sich Gedanken macht, — den haben *sie.*
Und dienen will ich nun und nie.

II

Wer viel einst zu verkünden hat,
Schweigt viel in sich hinein.
Wer einst den Blitz zu zünden hat,
Muss lange — Wolke sein.

III

Alle ewigen Quellbronnen
Quellen ewig hinan:
Gott selbst — hat er je begonnen?
Got selbst — fängt er immer an?

IV

So sprach ein Weib voll Schüchternheit
Zu mir im Morgenschein:
„Bist du schon selig vor Nüchternheit,
Wie selig wirst du — trunken sein?"

V

Der Fromme spricht

Gott liebt uns, *weil* er uns erschuf! —
„Der Mensch schuf Gott“ — sagt drauf ihr Feinen.
Und soll nicht lieben, was er schuf?
Solls gar, *weil* er es schuf, verneinen?
Das hinkt, das trägt des Teufels Huf.

VI

Wählerischer Geschmack

Wenn man frei mich wählen liesse,
Wählt' ich gern ein Plätzchen mir
Mitten drin im Paradiese:
Gerner noch — vor seiner Thür!

Friedrich Nietzsche.

Sprüche eines Wanderers

I

Probe des Stolzes

Du sagst deinem Stolze viel zulobe:
Als Herrscher stolz sein ist keine Probe;
Doch ob der Stolz gefestigt und echt ist,
Das zeigt sich erst, wenn der Stolze ein Knecht ist.

II

Schonung

Immer muss ichs von neuem vernehmen,
Vom Hüten und Schonen das weichliche Wort!
Wenn doch endlich die rauhen Stürme kämen
Und fegten, was Schonung not hat, fort!

M

III

Fortbauen

Soll alles, was du hast und bist, verderben?
Bleibt nichts von deinem Sein und Sieg zurück?
Bau über dich hinaus und lass dem Erben
Gesundheit, Stärke, Selbstbeherrschung, Glück.

IV

Anders gesagt

Und willst du deine Leiden nicht vererben,
So gieb was stark in dir und schaffend strebt;
Du kannst im Leibestode willig sterben,
So lang ein Werk, ein Wort nur weiterlebt.

Fritz Koegel.

Notes

Modern Life

Frühling. Das Buch der Zeit. Lieder eines Modernen. Zürich 1886. p. 29 ff. Verses 1, 2, 4-6, 8, 9, 16 are given.

Auf der Fahrt nach Berlin. Jungdeutschland. Unter Mitwirkung von Hermann Conradi und Karl Henckell herausgegeben von Wilhelm Arent. Friedenau (Berlin) und Leipzig 1886. p. 55 ff.

Verfallen. Lyrisches Skizzenbuch von H. von Reder. München 1893.

Die Näherin. Deutsche Dichtung. Herausgegeben von Karl Emil Franzos. Sechster Band. April bis September 1889. Dresden. p. 24.

Lass gut sein, Mutter! Hartleben, Meine Verse, Berlin 1895. p. 68. The poem is from 1885.

Hört ihr es nicht? . . . Jungdeutschland. Hrsg. v. Wilhelm Arent. Friedenau (Berlin) und Leipzig 1886. p. 67. Verses 1-8, 10-13, 16, 27 are given.

Der Trunkenbold. Die Gesellschaft. Monatsschrift für Literatur und Kunst. Herausgegeben von M. G. Conrad und Karl Bleibtreu. 1890. Heft 5. Leipzig 1890. p. 688.

Was will sie nur? Deutsche Dichtung. Herausgegeben von Karl Emil Franzos. Siebenter Band. Oktober 1889 bis März 1890. Dresden 1890. p. 214.

Wahlgeschichten I-III. Moderne Dichtung. Monatsschrift für Literatur und Kritik. Herausgegeben von L. M. Kafka. 1. Jahrgang. I. Band. Leipzig, Brünn, Wien 1890. p. 250.

Die Mittelmässigen. Glockenspiel. Band VII von Seidel's Gesammelte Schriften. Leipzig 1893. Vierte Auflage.

Vor einem Laden. Das Magazin für Literatur des In- und Auslandes. Achtundfünfzigster Jahrgang 1889. Herausgeber K. v. Schlieben. Dresden. p. 136.

Der neue Stern. Moderne Lyrik. Eine Sammlung zeitgenössischer Dichtungen. Herausgegeben von Leo Berg und Wilhelm Lilienthal. Berlin 1892. p. 91.

Die Brück' am Tay. Theodor Fontanes Gedichte. Vierte Auflage, Berlin 1891.

Den Spöttern. From Mitteilungen der Neuen Klause. 1894. II. Nr. 6. The poem appeared first in Ein Stück Alltagsleben. Gedichte, Dresden 1893.

Wer aufwärts will. Cotta'scher Musen-Almanach für das Jahr 1891. Herausgegeben von Otto Braun. Stuttgart 1891. p. 301.

Die jubelnd nie . . Hartleben, Meine Verse, Berlin 1895. p. 54. The poem is dated 1885.

Phantasus I and II. Das Buch der Zeit. Lieder eines Modernen. Von Arno Holz. Zürich 1886. p. 416 ff. The last two poems (12 and 13) from a cycle "Phantasus."

Ich weiss — ich weiss . . . . Lieder eines Sünders von Hermann Conradi. Leipzig (1887). p. 28.

Mein Blick, nun weide dich. Lieder eines Sünders von Hermann Conradi. Leipzig (1887). p. 118.

Süss duftende Lindenblüte . . . . Otto Erich Hartleben. Meine Verse. Berlin 1895. p. 204. The poem is from 1891.

Sommerabend. Das Buch der Zeit. Lieder eines Modernen. Von Arno Holz. Zürich 1886. p. 230–32.

Guter Rat. Moderne Dichtung. Monatsschrift für Literatur und Kritik. Herausgegeben von L. M. Kafka. I. Jahrgang. I. Band. Leipzig, Brünn, Wien 1890. p. 255.

Die Grille. Lieder eines fahrenden Gesellen von Rudolf Baumbach. Leipzig 1885. p. 159.

Auf dem alten jüdischen Friedhof in Prag. Deutsche Lyrik seit Goethe's Tode. Ausgewählt von Maximilian Bern. Leipzig (without year). p. 54.

Zeitbilder. Fr. X. Seidl's Immergrün, Lyrische Anthologie. 1885.

Ja, das möcht' ich noch erleben. Moderne Lyrik. Eine Sammlung zeitgenössischer Dichtungen. Herausgegeben von Leo Berg und Wilhelm Lilienthal. Berlin 1892. p. 79.

Ein Brief kam übers Meer zu mir. Der Neue Tanhäuser (by Eduard Grisebach.) Vierzehntes Tausend. Berlin 1888. p. 146.

Nur drei, vier Sterne . . . . Andachten von Wilhelm Jordan, Frankfurt a. M. 1877. p. 184 ff. There the poem has one more verse at the end:

Noch schwamm der Mutter Aug' in Dankesthränen,
Als plötzlich wie mit ganz gelösten Sehnen
An meine Brust sie sank und fest und tief
Drei Stunden lang in meinen Armen schlief.

Venus Mater. Aber die Liebe. Ein Ehemanns- und Menschenbuch, von Richard Dehmel. München 1893. p. 216.

Kindermund. Deutsche Dichtung. Herausgegeben von Karl Emil Franzos. Siebenter Band. Oktober 1889 bis März 1890. Dresden 1890. p. 286.

Fitzebutze. Freie Bühne. Neue Deutsche Rundschau. February 1894. p. 148 f.

Modern Love

Die Kirche. Der Neue Tanhäuser. (By Eduard Grisebach.) Vierzehntes Tausend. Berlin 1888. p. 24.

Da einst die Post fuhr. Deutsche Dichtung. Herausgegeben von Karl Emil Franzos. Vierter Band. April bis September 1888. Stuttgart 1888. p. 199.

Nacht. Heinrich Leuthold's Gedichte, herausgegeben von Jakob Bächtold. Dritte Auflage. Frauenfeld 1884.

Mädchenfrühling. Aber die Liebe. Ein Ehemanns- und Menschenbuch, von Richard Dehmel. München 1893. p. 93.

Erste Blüten, erster Mai. Otto Julius Bierbaum. Erlebte Gedichte. Berlin 1892. p. 133.

Maientanz. Nemt, Frowe, disen Kranz. Ausgewählte Gedichte von Otto Julius Bierbaum. Berlin 1894. p. 4.

Einen Sommer lang. Neue Gedichte von Detlev von Liliencron. Leipzig (1893). p. 102.

Festtag. Otto Erich Hartleben. Meine Verse. Berlin 1895. p. 81.

Versunken. Die Gesellschaft. Monatsschrift für Literatur und Kunst. Herausgegeben von M. G. Conrad und Karl Bleibtreu. 1890. Heft 1. Leipzig 1890. p. 67.

Mädchenlied. Nietzsche's Gedichte. Nietzsche's Werke. Erste Abteilung. Band VIII. Leipzig 1895. p. 351.

Die müde schon verglühte . . . . Lieder eines Sünders, von Hermann Conradi. Leipzig (1887). p. 55.

Bitte. Aber die Liebe. Eine Ehemanns- und Menschenbuch. Von Richard Dehmel. München 1893. p. 116.

Ein Rauschen nur. Die Gesellschaft. Monatsschrift für Literatur und Kunst. Begründet von Dr. M. G. Conrad. Herausgegeben von M. G. Conrad und Karl Bleibtreu. 1889. Heft 8. Leipzig 1889. p. 1107.

Fragment. Lieder eines Sünders. Von Hermann Conradi. Leipzig (1887). p. 57.

Feil hat sie Rettig und Rapunzeln . . . . Der Neue Tanhäuser. (By Eduard Grisebach.) Vierzehntes Tausend. Berlin 1888. p. 17.

Lore. Otto Erich Hartleben. Meine Verse. Berlin 1895. p. 61. Date of the poem 1885.

Therese hatte Besuch zu empfangen. Der Neue Tanhäuser. (By Eduard Grisebach.) Vierzehntes Tausend. Berlin 1888. p. 9.

Jugendliebe. Hans Hopfen, Gedichte. Vierte Auflage 1893.

Weil ich nur lächelnd dich gesehn . . . . Deutsche Dichtung. Herausgegeben von Karl Emil Franzos. Siebenter Band. Oktober 1889 bis März 1890. Dresden 1890. p. 89.

In den Alpen. Deutsche Dichtung. Herausgegeben von Karl Emil Franzos. Erster Band. Heft 1-12. Oktober 1886 bis März 1887. Stuttgart 1887. p. 41.

Wann, wo und wie? Deutsche Dichtung. Herausgegeben von Karl Emil Franzos. Dritter Band. Oktober 1887 bis März 1888. Stuttgart 1888. p. 84.

Mein Ideal. Die Gesellschaft. Monatsschrift für Literatur,

Kunst und Socialpolitik. Begründet von M. G. Conrad. VIII. Jahrgang 1892. Heft 3. Leipzig 1892. p. 286.

Venus Madonna. Aber die Liebe. Ein Ehemanns- und Menschenbuch, von Richard Dehmel. München 1893. p. 216.

Laub am Boden. Moderner Musenalmanach auf das Jahr 1894. Herausgegeben von Otto Julius Bierbaum. München (1894). p. 191.

Das Mädchen von Rekko. Heinrich Leuthold's Gedichte. Herausgegeben von Jakob Bächtold. Frauenfeld 1878.

Anna. Jungdeutschland. Herausgegeben von Wilhelm Arent. Friedenau (Berlin) und Leipzig 1886. p. 69 ff. Verses 1–7, 10–12, 17–19 and 26–29 are given.

Reue. Lieder eines fahrenden Gesellen. Von Rudolf Baumbach. Sechzehntes Tausend. Leipzig 1885. pp. 80–81.

Neue Bahnen. Moderne Lyrik. Eine Sammlung zeitgenössischer Dichtungen. Herausgegeben von Leo Berg und Wilhelm Lilienthal. Berlin 1892. p. 65.

Der Maibaum. Neue Gedichte von Detlev von Liliencron. Leipzig (1893). p. 34.

Wenn sich zwei Liebste raufen . . . . Letzte Grüsse aus Stiftinghaus. Lyrischer Nachlass Robert Hamerlings. Herausgegeben von Oskar Linke. Hamburg 1894.

Kein Mäschchen . . . . Zwei Wiegen. Roman von Wilhelm Jordan. Berlin 1888. II. p. 171.

Beruf und Pflichten . . . . Die Sebalds. Roman aus der Gegenwart von Wilhelm Jordan. Stuttgart und Leipzig 1886. I. p. 80.

Mutter und Kind. Cotta'scher Musen-Almanach für das Jahr

1893. Herausgegeben von Otto Braun. Stuttgart. 1893. p. 206.

Idyll. Die Gesellschaft. Monatsschrift für Literatur und Kunst. Begründet von Dr. M. G. Conrad. Herausgegeben von M. G. Conrad und Karl Bleibtreu. 1889. Heft 12. Leipzig 1889. p. 1711.

Ein Erinnern. Neue Gedichte von Detlev von Liliencron. Leipzig (1893). p. 88.

Mein Sterben. Mitteilungen der neuen Klause. Berlin 1894. Nr. 2. The poem appeared first in the periodical Sphinx, January 1894.

Letzter Wunsch. Otto Julius Bierbaum. Erlebte Gedichte. Berlin 1892. p. 201.

Die letzte Frage. Moderne Lyrik. Eine Sammlung zeitgenössischer Dichtungen. Herausgegeben von Leo Berg und Wilhelm Lilienthal. Berlin 1892. p. 87.

Modern Thought

Zeitgedanken. Deutsche Dichtung. Herausgegeben von Karl Emil Franzos. Neunter Band. Oktober 1890 bis März 1891. Berlin 1891. p. 249.

Beherzigung. Moderner Musenalmanach auf das Jahr 1893. Herausgegeben von Otto Julius Bierbaum. München (1893). p. 301.

Die Jünger der Zeit. Deutsche Dichtung. Herausgegeben von Karl Emil Franzos. Siebenter Band. Oktober 1889 bis März 1890. Dresden 1890. p. 213.

Dann. Moderne Dichtung. Monatsschrift für Literatur und

Kritik. Herausgegeben von L. M. Kafka. 1. Jahrgang. I. Band. Leipzig, Brünn, Wien 1890. p. 124.

Religion der Liebe. Johannes Grosse. Buch der Erinnerungen. Strassburg 1895. p. 229.

Ewige Wahrheit. Deutsche Dichtung. Herausgegeben von Karl Emil Franzos. Vierter Band. April bis September 1888. Stuttgart 1888. p. 276.

Kampf heisst das Weltgesetz. Strophen und Stäbe. Von Wilhelm Jordan. Frankfurt a. M. 1871. p. 108.

Bist du vielleicht . . . . Andachten von Wilhelm Jordan. Frankfurt a. M. 1877. p. 1. Vorgesang. Verses 1–6 and 10–13 are given.

Monismus. Moderne Lyrik. Eine Sammlung zeitgenössischer Dichtungen. Herausgegeben von Leo Berg und Wilhelm Lilienthal. Berlin 1892. p. 14.

Wer? Im Vorherbst. Gedichte von Wilhelm Jensen. 1892.

Richard Wagner I and II. *An Richard Wagner* is from Nietzsche's Gedichte. Nietzsche's Werke. Erste Abteilung. Band VIII. Leipzig 1895. p. 337. *Parsifal* is from Jenseits von Gut und Böse. Vorspiel einer Philosophie der Zukunft. Von Friedrich Nietzsche. Leipzig 1886. p. 224. In the original it has no heading. The two poems appeared without any connection.

Glauben und Wissen. Moderne Lyrik. Eine Sammlung zeitgenössischer Dichtungen. Herausgegeben von Leo Berg und Wilhelm Lilienthal. Berlin 1892. p. 238.

Im Himmel. Deutsche Lyrik von 1891. Gesammelt und herausgegeben von' C. L. Bruno, Felix Montanus, Franz Servaes. Stuttgart, Berlin, Leipzig 1892. p. 88.

Erschlafft im Schlafe kindischen Glaubens . . . . Otto Erich Hartleben. Meine Verse. Berlin 1895. p. 26. Date of the poem, 1884.

Das jüngste Gericht. Deutsche Dichtung. Herausgegeben von Karl Emil Franzos. Achter Band. April bis September 1890. Dresden 1890. p. 289.

Zweifel. Deutsche Dichtung. Herausgegeben von Karl Emil Franzos. Zehnter Band. April bis September 1891. Berlin 1891. p. 260. The poem is signed there X. X.

Mahnende Stimmen. Cotta'scher Musen-Almanach für das Jahr 1893. Herausgegeben von Otto Braun. Stuttgart 1893. p. 273. The poem had been printed before with little deviations in Deutsche Lyrik von 1891. Gesammelt und herausgegeben von C. G. Bruno, Felix Montanus, Franz Servaes. Stuttgart, Berlin, Leipzig 1892. p. 62.

Nach dem Regen. Deutsche Dichtung. Herausgegeben von Karl Emil Franzos. Achter Band. April bis September 1890. Dresden 1890. p. 238.

Spruchartiges by Friedrich Nietzsche I-IV is taken from Nietzsche's "Gedichte." Nietzsche's Werke. I. Abteilung. Band VIII. Leipzig 1895. p. 337, 338, 342, 356 where the single sayings are numbered: 17, 18, 31, 50. I-III are from the chapter: Spruchartiges 1882-1885. IV is from the chapter: Gedichte 1882-1885. — V and VI: Die fröhliche Wissenschaft. (Nietzsche's Werke, Band V, Leipzig 1895) p. 24 (No. 38) and p. 28 (No. 57).

Sprüche eines Wanderers. Fritz Koegel, Gastgaben, Sprüche eines Wanderers. Leipzig (without year). I from p. 68, II from p. 53, III and IV from p. 51.

List of Poets

with biographical notes

Friedrich Adler (Hoch in den Wolken). * 13. Febr. 1857 at Amschelberg, Bohemia; Lawyer at Prague. "Gedichte" (1893).

Wilhelm E. Backhaus (Von Stern zu Stern). * 26. March 1826 at Petershagen a. d. Weser, lives at Bremen, well known as a social philosopher.

Rudolf Baumbach (Jedermann kennt; Schwer die Brust). * 28. Sept. 1840 at Kranichfeld, lives at Meiningen; he studied science and was about 1867 teacher at a high school at Triest, Austria. His songs are collected in Enzian (1876). Lieder eines fahrenden Gesellen (1878). Neue Lieder eines f. G. (1880). Spielmannslieder (1882). Von der Landstrasse (1882). Wanderlieder aus den Alpen (1883). Thüringer Lieder (1891).

Otto Julius Bierbaum (Lange schlug das; Blütenblätter; Dass deine Hand). * 28. June 1865 at Grüneberg, Silesia. He studied law and lived afterwards as an author at München, where he edited the Moderner Musenalmanach. In 1894 he edited for a short time the Freie Bühne, Neue Deutsche Rundschau, at Berlin.

Otto Bruhnsen (Grossmütterchen spricht). * 3. Nov. 1858 at Wandsbeck; lives as an official of the Handelskammer at Hamburg.

Ada Christen (Sinnend stand ich). Pseudonym of Christiane Breden, widow of a Herr von Neupauer, née Friederik. * 6. March 1844, at Vienna, where she lives at present. Her lyrical works are Lieder einer Verlorenen (1869). Aus der Asche (1871). Schatten (1873). Aus der Tiefe (1878).

Hermann Conradi (Ich weiss, — ich weiss; Mein Blick, nun weide; Die müde schon; Wir gehen so stumm). * 12. July 1862 at Jessnitz. He studied philology at Berlin, Leipzig, München, Würzburg and died before having finished his studies, at Würzburg 8. March 1890.

Richard Dehmel (Träume, träume; Lieber ssöner Hampelmann; Aprilwind; Nur sage „du"; Aus Mannesadel). * 18. Nov. 1863 at Wendisch Hermsdorf. He studied mathematics and is well known as an authority on insurance. His first poems are Erlösungen (1891). His residence is Berlin-Pankow.

Adolf Wilhelm Ernst (Nun ists entschieden). * 10. Febr. 1866 at Hamburg, where he lives as a teacher.

Otto Ernst (Die Hasen wollten; Erloschen war; Und wieder Wahl). Pseudonym of Otto Ernst Schmidt. * 7. Oct. 1862 at Ottensen. Lives at Hamburg as an author. Gedichte (1888). Neue Gedichte (1892).

Arthur Fitger (Vor Zeiten). * 4. Oct. 1840 at Delmenhorst, lives at Horn near Bremen. His lyrics are Winternächte (1880).

Caesar Flaischlen (Laub am Boden). * 12. May 1864 at Stuttgart, studied Germanic philology at Leipzig and lives at Berlin. His lyrics are Nachtschatten (1884).

Theodor Fontane (Wann treffen wir drei; Eigentlich ist mir). * 30. Dec. 1819 at Neuruppin. He was a chemist at first and lives at Berlin. He was some time Editor of the Vossische Zeitung and Honorary President of the Freie literarische Gesellschaft. His "Gedichte" (1851) founded his name as a lyric poet. He is the poet of the Mark Brandenburg.

Hermann Friedrichs (Im Sterben liegt sie — ; Wenn aus der langen). * 14. June 1854 at St. Goar, near the Rhine; he studied at Zürich history of philosophy, literature and art, and edited for some time the Magazin für die Literatur des In- und Auslandes. Since 1879 he lived at Zürich, and at present lives at St. Goar. His lyrics are Gedichte (1886) and Streiflichter (1894).

Reinhold Fuchs (Um eine Sonne ; Kannst du auch mit). * 8. June 1858 at Leipzig, studied there and at Geneva modern languages and is teacher at the Höhere Handelsschule of Gera. His lyrics are Gedichte (1886) and Strandgut, neue Gedichte (1890). For the latter he received the Augsburger Schillerpreis.

Ludwig Fulda (Wer aufwärts will). * 15. July 1862 at Frankfurt a. M., studied philology at Leipzig, Berlin and Heidelberg, lived then at Berlin and is now residing at München. Sinngedichte (1888). Gedichte (1890).

Wilhelm Gittermann (Was seht ihr staunend)

Eduard Grisebach (Ein Brief kam ; Leuchtend aus dem ; Feil hat sie; Therese hatte). * 9. Oct. 1845 at Göttingen, studied law at Leipzig, Berlin and Göttingen and was Referendar at the Kammergericht at Berlin. Since 1872 he was at the Deutsche Gesandtschaft at Rome, then at Constantinople, Smyrna, and from 1876 to 1878 in the Auswärtiges Amt at Berlin. Afterwards he lived as German Viceconsul at Jassy and as German Consul at Bucharest, Petersburg and Milan.

At present he lives as "Consul ausser Dienst" at Berlin-Charlottenburg. His lyrics are contained in Der Neue Tanhäuser and in Tanhäuser in Rom.

B. *Johannes Grosse* (Schaffe, gewaltige Liebe). * 1865 at Kötzschenbroda, near Dresden, studied medicine at Leipzig and Berlin and became Militärassistenzarzt at Dresden. He lives as Chefarzt of the Hilfslazareth of Kronenburg, near Strassburg, Alsace.

Carl Freiherr von Gumppenberg (Züchtiger Minne). * 10. Nov. 1833 at Wallenburg, Bavaria; studied philosophy and Cameralia. He died as Postinspektor at München in 1892. His poems were chiefly lyrics in Bavarian dialect.

Hanns Freiherr von Gumppenberg (Nur wirken). Son of Carl v. Gumppenberg. * 4. Dec. 1866 at Landshut, lived up to his father's death at München, and lives at present in Berlin. He is a well known spiritualist.

Robert Hamerling (Wenn sich zwei Liebste). * 24. March 1830 at Kirchberg am Walde, Austria, studied philosophy, philology, science and medicine and became 1855 a teacher at the Gymnasium of Triest. In 1866 he was able to give up that position and has lived since then at Graz, where he died on 13. June 1889. His lyrics are contained in "Sinnen und Minnen" (1859) and "Blätter im Winde" (1887).

Hermann Hango (Zu ihrem Kind). * 16. May 1861, lives as Archivsadjunkt at Vienna. His lyrics are: Zum Licht (1890) and Neue Gedichte (1894).

Julius Hart (Von Westen kam ich; Hört ihr es nicht; Die Drossel ruft). * 9. April 1859 at Münster, Westphalia, studied law and afterwards literature at Berlin. He lives at Friedrichshagen near Berlin. His lyrics are contained in Sansara (1879) and Homo sum (1890).

N

Otto Erich Hartleben (Ein spärlich Feuer; Die jubelnd nie; Süss duftende; Heut' ist ein Festtag; Ins Philisterium; Erschlafft im Schlafe). * 3. June 1864 at Clausthal, studied law at Berlin and Leipzig, was, for a short time, Referendar at Magdeburg and Stollberg, gave up his office and lives since then at Berlin. His lyrics are collected in Meine Verse (1895).

Karl Henckell (Wo ist die Frau). * Hannover 17. April 1864, studied at the Universities of Berlin and Heidelberg and has lived since 1886 in Switzerland. His numerous poems are collected in Strophen (1887). Amselrufe (1888). Diorama (1889). Aus meinem Liederbuch (1892).

M. Herbert (Weil ich nur lächelnd). Pseudonym of Therese Keiter née Kellner. * 20. June 1859 at Melsungen, lives at Regensburg.

Franz Herold (Dein Himmel ist). * 15. Febr. 1854 at Böhmisch Leipa, he studied Germanic Philology and lives as Professor of the Realschule at Prag-Smichow. His lyrics are: Wachsen und Werden (1892) and Spuren (1893).

Arno Holz (Schon blökt ins Feld; Schlag zu, mein Herz; Und als der Morgen; O du lieber, linder). * At Rastenburg 26. April 1863, lives at Berlin. With his collections of lyrics Klinginsherz (1882) and Buch der Zeit (1886) he twice won the Augsburger Schillerpreis. His dramas and novels are written conjointly with Johannes Schlaf.

Hans Hopfen (Zuweilen dünkt es mich). Pseudonym of Hans Ritter von Hopfen. * 3. Jan. 1835 at München, studied law, but devoted himself soon exclusively to literature. He lived some time in Italy and Paris, and has lived since 1866 at Berlin. His lyrics are collected in "Gedichte" (4. ed. 1883).

Maria Janitschek (Ich weiss, wie meine). * 23. July 1859 at Vienna, lived as the wife of Hubert Janitschek, the historian of art, at Strassburg and Leipzig, then, after his death, for some time at Berlin, and is now residing at München. Gesammelte Gedichte. 2. ed. 1892.

Wilhelm Jensen (Wer bist du). * 15. Febr. 1837 at Heiligenhafen, Holstein, he studied medicine and philosophy, lived at Kiel, München, Stuttgart, Flensburg, and lives at present at München-Schwabing. His lyrics are: Gedichte (1869). Lieder aus Frankreich (1871). Um meines Lebens Mittag (1876). Stimmen des Lebens (1881). Im Vorherbst (1890).

Wilhelm Jordan (Nur drei, vier Sterne; Kein Mäschchen; Beruf und Pflichten; Kampf heisst das Weltgesetz; Bist du vielleicht). * 8. Febr. 1819 at Insterburg, studied at Koenigsberg theology and afterwards philosophy, lived then at Berlin, Leipzig, Bremen, Paris and Frankfurt a. M. where he was a member of the Frankfurter Parlament; he became a Ministerialrat of the Marineministerium, and lives at Frankfurt. His lyrics are collected in Schaum (1846). Strophen und Stäbe (1871). Andachten (1877) and Letzte Lieder (1892).

Wolfgang Kirchbach (Auf der Strasse). * 18. Sept. 1857, studied at Leipzig philosophy and history, lived since 1879 at München, and since 1890 at Dresden, where he for some time edited the Magazin für die Literatur des In- und Auslandes. Ausgewählte Gedichte (1883).

Josef Kitir (Ein Rauschen nur). * 11. Febr. 1867 at Aspang, Nieder-Österreich, lives at Kirchberg am Wechsel, Nieder-Österreich. Ausgewählte Gedichte (1889). Leben und Stimmung (1891). Blätter der Freundschaft (1892).

Anna Klie (Ich sitz' und zieh).

N

Fritz Koegel (Du sagst deinem; Immer muss ichs; Soll alles, was du; Und willst du deine). * 2. August 1860 at Hasserode, Hessen, studied philosophy and lives at Naumburg as official of the Nietzsche-Archiv, in which capacity he prepared the final edition of most of Nietzsche's works.

Rudolf Knussert (Regen hing an Blättern).

Heinrich Leuthold (Der Westwind streichelt; Ich bin allein; Dort stand die herrliche). * 9. Aug. 1827 at Wetzikon, Switzerland, studied law at the Universities of Zürich and Basel. Since 1857 he lived at München, edited since 1860 the Süddeutsche Zeitung, lived at Frankfurt and Stuttgart, returning 1865 to München. In July 1877 he had to be put into the lunatic asylum of Burghölzli near Zürich, where he died on 30. June 1879.

Detlev von Liliencron (Zwischen Roggenfeld; Wir liebten uns; In meinen Wimpern). * 3. June 1844 at Kiel, became an officer and took part in the wars of 1866 and 1870. He lives as Hauptmann ausser Dienst at Ottensen near Hamburg. His lyrics are: Adjutantenritte (1884). Gedichte (1889). Neue Gedichte (1893).

Hermann Loens (Ja, lächelt nur). * 29. Aug. 1866 at Kulm, Westpreussen, lives at Hannover.

Friedrich Nietzsche (Gestern, Mädchen; Der du an jeder Fessel; Ist das noch deutsch; Gedanken haben; Wer viel einst; Löst mir das Rätsel; Alle ewigen Quellbronnen; So sprach ein Weib; Gott liebt uns; Wenn man frei). * 15. Oct. 1844 at Lützen, studied Humanity at Leipzig and became in 1869 Professor of Humanity at the University of Basel, which position he gave up in 1878. Since then he lived mostly in Italy. In 1889 he had to be put into a lunatic asylum; now he lives with his mother at Naumburg a. S.

Johannes Öhquist (Ein breites Bett).

Josef Gottfried Oswald (Maschinenlärm). * 1. July 1859, lives at Basel, Switzerland. Gedichte (1892).

Arthur Pfungst (Weil unerquicklich leer). * Frankfurt a. M. 9. March 1864, studied Indian philology at Leipzig, lives at Frankfurt a. M. Lose Blätter (1884). Neue Gedichte (1893).

Alberta von Puttkammer (Manchmal ist es mir; Rufts dich um die Mitte). * 5. May 1849, wife of Staatssekretär von Puttkammer, lives in Strassburg, Alsace. Dichtungen (1885). Akkorde und Gesänge (1889). Offenbarungen (1894).

Heinrich von Reder (Verfallen steht). * 19. March 1824, became an officer and lives at present as Oberst ausser Dienst at München. Gedichte (1859). Lyrisches Skizzenbuch (1893).

Heinrich Seidel (Die Musik ist heutzutage). * 25. June 1842, became an engineer and lives at Berlin. Blätter im Winde (1872). Jahreszeiten (1886). Glockenspiel (1889). Neues Glockenspiel. 2. ed. 1893.

Gertrud Triepel (Höhnt nicht). * 10. July 1863 at Leipzig, lives at Berlin as editor of the Deutsche Frauenzeitung. Ein Stückchen Alltagsleben (1893).

Georg Vogel (Im Winkel wo).

Paul Voigt (Plätschernd strömt).

Robert Waldmüller (Wann du kommst), pseudonym for Charles Edouard Duboc. * 17. Sept. 1822, at Hamburg, became a merchant and visited Havre, Paris, Copenhagen, Warsaw, Vienna, Hungary, Switzerland, Belgium, England. Having made a little fortune he became a painter, living at Düsseldorf, Italy and Dresden, and afterwards a poet. Gedichte (1857). Klänge aus der Fremde (1893).

X. X. (Und sollte dennoch).

Index of Songs

GERMAN CLASSICS.

EDITED
WITH ENGLISH NOTES, ETC.

BY

C. A. BUCHHEIM, Phil. Doc., F.C.P.,

*Professor of German Language and Literature in King's College,
London; Examiner in German to the College of Preceptors
and the Society of Arts; Sometime Examiner to
the University of London, Etc.*

MACMILLAN & CO.,

66 FIFTH AVENUE, NEW YORK.